博瑞森图书
BRACE

企业阅读 本土实践

从『心』解读『弟子规』企业培训 第一书

企业员工弟子规

用心做小事，成就大事业

贾同领（慧度）◎著

中华工商联合出版社

图书在版编目（CIP）数据

企业员工弟子规：用心做小事，成就大事业/贾同领著．—北京：中华工商联合出版社，2014.12

ISBN 978-7-5158-1194-9

Ⅰ．①企…　Ⅱ．①贾…　Ⅲ．①企业管理　Ⅳ．①F270

中国版本图书馆 CIP 数据核字（2014）第 288143 号

企业员工弟子规：用心做小事，成就大事业

作　　者：贾同领
责任编辑：于建廷　效慧辉
责任审读：郭敬梅
封面设计：久品轩设计
责任印制：迈致红
出版发行：中华工商联合出版社有限责任公司
印　　刷：三河市文阁印刷有限公司
版　　次：2015 年 2 月第 1 版
印　　次：2015 年 2 月第 1 次印刷
开　　本：787mm×1092mm　1/16
字　　数：200 千字
印　　张：13.75
书　　号：ISBN 978-7-5158-1194-9
定　　价：39.80 元

服务热线：010－58301130
团购热线：010－58302813
地址邮编：北京市西城区西环广场 A 座
19－20 层，100044
http：//www.chgslcbs.cn
E-mail：cicap1202@sina.com（营销中心）
E-mail：gslzbs@sina.com（总编室）

博瑞森图书：企业阅读　本土实践

亲爱的读者朋友：

也许您是博瑞森图书的老读者，也许是新朋友，欢迎您阅读博瑞森图书！

当今中国，各行各业都存在着转型升级的压力与机遇。博瑞森图书与您一同应对转型挑战并发现其带来的机遇。

我们一直在问：什么样的书能为您解决管理难题并带来启发？

我们一直在找：哪些作品能帮助企业从跟随到领先？

我们一直在做：把最好的作品以最便捷的方式呈现给您，纸质版、电子版、书摘邮件、微信……

我们策划图书的原则是：

- 企业阅读——与您一样，做水中的游泳者，而非岸上的观众或教练，企业的困惑就是我们的任务。
- 本土实践——与您一样，立足本土环境，追求卓越实践，传播最适合当下中国企业的管理之道。

我们也向所有的企业管理者、管理咨询专家和企业研究者征稿，让更多被实践检验的好思想、好方法迸发出来，为企业助力！（bookgood@126.com 或 QQ：1963328416 或手机号 13611149991，绝非“自费出书”，不向作者收取任何费用）

如果有一天，您把博瑞森图书视为您优秀的事业伙伴、管理助手，我们也就实现了自己的梦想。

博瑞森图书

序言

现在的企业市场环境，可以用“变、快、乱、躁”来形容，环境在不断地变化。企业的增长速度很快，但市场秩序比较乱，同时，企业人的心态容易膨胀和躁动。企业追求超常规发展，“倍增”、“暴涨”等词不绝于耳，动辄30%、50%，甚至100%的年增速目标。

在这样的背景下，员工不断进行充电促进自我提升，学习各种职业技能、技巧，不断参加各种培训、圈子交流，工作加班加点，可还是对未来迷茫又憧憬。身心的疲惫没有换来工作的顺心，感觉上司不理解自己，一直给予压力；安排下属的工作，下属拖拖拉拉，出了事故责任也往你身上推；客户难打交道，只考虑自身的利益；想通过混圈子发展人脉，又怕被人利用，内心越来越封闭……不知道该如何处理各种各样的关系，“剪不断，理还乱”。

为什么物质和财富越来越多，我们却不越来越幸福？欲望的碰撞、金钱的至上、人情的淡漠，人变得越来越贪婪，到底该如何面对工作和生活，哪里才是问题的答案？

我们忽视了太多，我们的眼光一直喜欢向“外”看，总认为外国是对的，我们丢失了民族文化的自信，把华夏5000年文明与封建、落后、愚昧、迷信等词语相连。我们习惯向自己身“外”看，我们总是想改造别人，却很少向“内”看，剖析自己哪里出了问题。

《弟子规》作为中华传统文化的根，逐渐被一些人想起，但也被一些人所不屑，“都是教小孩子的”、“几百年前的东西了，还怎么适应当今的社会”如此云云。在“德才兼备”的完美模式下，不断变化的应该是“才”，人之所以累就在此处，因为要不断提高自己赚钱的本领。但我们同时也应该知道，人的“德”是不应该变的，一旦德行下降，危及的就是整个社会。

《弟子规》主要是人的德行教导，是为人处世的方法。学习《弟子规》并不是只看字面意思，而是要把握核心，理解它想表达的真实含义。

有人对《弟子规》很认同，但认为好人难做，做好人是会吃亏的。这其实是对《弟子规》非常大的误解。既然是对的东西，怎么可能吃亏呢？做事情不能只看眼前，要看长远，长久来看，肯定是厚德载物。

《弟子规》总共1080字，113条要求，涵盖“孝、悌、谨、信、爱众、亲仁、学文”七个方面，对于我们应该如何为人处世有非常落地的说明。弟子规的学习和落实，可通过“信、解、行、证”的步骤进行落实。

第一是信，首先要树立信心，相信自己，相信先人的智慧。

第二是解，明白《弟子规》中的这些道理，知道为什么。

第三是行，道理懂了一堆，不去落实，一切白搭。

第四是证，通过自己的行动，证明《弟子规》里面的道理是对的。印证了，就更加坚信，从而进入一个良性循环。

本书解读《弟子规》，把其与职场结合在一起，主要还是解决如何信和解的问题。主要还是信，如果相信这些道理，行和证都是比较容易的。至于如何行和证，那就需要读者根据自己的情况落实到工作中。

聆听陈大惠老师关于传统文化的讲座，拜读了蔡礼旭、胡小林、钟茂森等老师的一些分享，都给笔者很多的参考和启发，非常感谢、感恩！希望本书像一股清流滋润心田，可以与一些“迷途”的企业员工结缘，不仅仅是读，更要仔细品、用心悟！

目录

[第一章]总叙

1 弟子规　圣人训　首孝悌　次谨信 / 003
2 泛爱众　而亲仁　有余力　则学文 / 005

[第二章]入则孝

1 及时行动，提升执行力 / 012
2 珍惜上司的教诲 / 014
3 多从上司角度思考问题 / 016
4 事项多沟通，事业多专注 / 018
5 勿以恶小而为之 / 020
6 不贪公司小便宜 / 023
7 与老板保持一致 / 025
8 积德就是累福 / 027
9 坚持原则，不因别人的态度而动摇 / 029
10 上司有过错怎么办 / 031
11 对上司提出意见要用合适的方法 / 033
12 爱公司才会被公司爱 / 034

13 要学会感恩 / 036

14 真诚心永远不能丢 / 038

[第三章]出则悌

1 用心相处，团队才会牢固 / 044

2 一“笑”泯恩仇 / 046

3 长幼有序，提升素养 / 048

4 常做举手之劳 / 050

5 称呼体现恭敬心 / 051

6 你用真心了吗 / 053

7 你这样对客户了吗 / 055

8 站与坐的礼节 / 057

9 用“声音”提升沟通能力 / 058

10 诚于中，形于外 / 060

11 关心同事工作以外的生活 / 062

[第四章]谨

1 养成良好的作息习惯 / 068

2 保持良好的卫生习惯 / 070

3 衣着整齐折射身心正 / 071

4 把物品放在固定的位置 / 073

5 衣着关键是得体 / 075

6 吃得健康，拒绝做吃货 / 077

7 真的“感情铁，喝出血”吗 / 079
8 注重形体礼仪 / 080
9 站有站相，坐有坐相 / 082
10 做事沉稳，不要急躁 / 084
11 人前人后一个样 / 086
12 忙中容易出错 / 088
13 远离低俗事 / 089
14 拜访前做好预约 / 091
15 用真名展示真实自我 / 092
16 警惕不小心的“偷盗” / 094
17 有借有还，坚守承诺 / 096

[第五章]信

1 呼吁诚信 / 101
2 不花言巧语 / 103
3 不说脏话 / 105
4 不搬弄是非 / 107
5 不要轻易承诺不妥之事 / 109
6 吐字要清晰，语速要舒缓 / 111
7 不要说人是非 / 113
8 要善于吸取别人优点 / 114
9 以人为镜常反省 / 116
10 为德才兼备而努力 / 117
11 不攀比吃穿 / 119

12 小心糖衣炮弹 / 121
13 闻过则喜 / 122
14 要避免有意的“罪恶” / 124
15 知错要改 / 125

[第六章]泛爱众

1 爱人就是爱自己 / 132
2 德高望重受人尊敬 / 133
3 才学出众名望大 / 135
4 有才能多分享 / 137
5 巴结别人，不如修养自身 / 139
6 人忙勿扰 / 141
7 人要脸树要皮，莫揭人短 / 143
8 赠人玫瑰，手有余香 / 145
9 宣扬别人的恶，竟然也是恶 / 147
10 该如何规劝同事的过失 / 149
11 吃点亏，广结善缘 / 151
12 己所不欲，勿施于人 / 153
13 学会积极地看待问题 / 155
14 员工不是赚钱工具，而是“人” / 157
15 少摆架子，以理服人 / 159

[第七章]而亲仁

1 仁者多福 / 163

2 无欲则刚，何须谄媚 / 165
3 与品德高尚的人多交往 / 167
4 对“小人”敬而远之 / 168

[第八章]余力学文

1 只学不实践，华而不实 / 174
2 只做不钻研，难有正见 / 175
3 读书用好“心眼口” / 177
4 学习贵在专一、深入 / 178
5 功到自然成 / 180
6 工作做好四项记录 / 182
7 一屋不扫，何以扫天下 / 183
8 不可忽视的“写字” / 185
9 从哪里拿放哪里去 / 187
10 惜书如命 / 188
11 要读圣贤书 / 190
12“信、解、行、证”慢慢修炼 / 191

后记

慧度培训

企业员工弟子规：
用心做小事，成就大事业

第一章
总叙

《弟子规》以《论语·学而》中的“弟子入则孝，出则悌，谨而信，泛爱众，而亲仁，行有余力，则以学文”开篇，这里面有七个科目，即孝、悌、谨、信、爱众、亲仁、学文，前六项属于德育修养，后一项属于智育修养。

《弟子规》首先教育我们孝顺父母、恭敬兄长，继而教育我们把对父兄的孝敬扩大到社会，通篇讲的是爱心。父母对子女倾注了无私的爱，子女应该以无私的爱回报父母。大众是我们的衣食父母，把对父母的爱扩大到对他人的爱。一个爱自己父母兄弟的人，也能够用心去爱他人。只要把这些想清楚了，并且能够付诸行动，很多问题就可以得以解决。

《弟子规》是对人进行为人处世的教育，告诉人们如何正确处理人与周边关系。企业都是由人构成的，企业员工需要处理与同事、下属、上司、客户、企业等的关系。企业员工用好、学好《弟子规》，对于自己的未来发展非常重要。

❶
弟子规　圣人训　首孝悌　次谨信

【原文解释】《弟子规》是依据古代先贤们的训示和教诲编订而成的，它教导我们：首先要孝敬父母、友爱兄弟姊妹；其次要谨言慎行、讲求信用。

全文开篇给《弟子规》一个清晰的界定，那就是《弟子规》是圣贤的教育，汇集了中国至圣先贤的大智慧，浓缩了中国优秀传统文化的精华。

《弟子规》首先教育我们要孝顺父母、恭敬兄长，和兄弟姐妹友爱相处。这和企业中的员工有什么关系呢？我们设想，**如果一个企业的员工不孝顺父母，与兄弟姐妹相处不好，怎么还能奢望他在企业中能够与同事和谐相处呢？**如果企业提倡奉献和感恩的文化，这类人肯定会以“切”的一声表达不屑。

现在的企业“利”字当头，对员工的基本素养关注是少之又少。在人员招聘时，更多的是看专业，看其工作经历，只要这些符合，就过关了，其他的事情认为都是“私事”，不会过问，认为与工作成效无关。其实，中国古代任命将相都要考察其人是否孝悌，汉武帝时设立了“举孝廉”，并成为汉代察举制中最为重要的科目，是汉代政府官员的重要来源。**只有“根正”才能“苗红”，才能进一步“光彩照人”，传递更多的正能量。**

在企业文化形同虚设、整体社会价值观发生变异的大背景下，拥有最基本的道德底线认同非常重要，这个基本的底线就是“首孝悌”！虽然企业特别强调展现自我、各尽其能，但如果在思想上，也就是企业价值观上没有统一，那企业的沟通成本会很高，员工的本位意识严重，表现出工作推诿、沟通难、投入不够、执行力差、效率低等。试想，**如果一个员工基本的“孝悌”都做不到，他怎么可能对公司负责、为客户着想？**

圣贤其次教育我们的就是“诚信”！“诚信”触痛了多少人的心，因为现在面临的危机就是诚信缺失。在社会上、企业里，“假、大、空”盛行，说假话、说大话、说空话，嘴上说一套，背后做一套。企业做账内部的一套，外部的一套；酒桌上说的是一套，酒桌后做的是另一套；台上是一套，台下是另一套；对别人的要求是一套，对自己的要求是另一套；……更可怕的是遇到什么事情，我们心里都会条件反射嘀咕一下：这是真的吗？

一家欧洲做保健品的企业，打算进军中国市场，计划选择网络销售其“高大上”产品，不建店面。我们告之要做高大上产品，必须要有上档次的店面支撑才行，只有网络销售很难取信于消费者。结果那位老外连问几个“为什么”，他的逻辑是我的产品真的好，消费者是能够识别的，是应该相信的。可是网络虚假的东西那么多，一般消费者哪有精力一个个去判断？诚信本来是中国传统的美德，现在已经成奢侈品了，倒让外国人惊讶，不知道是不是一种讽刺！

我们在抱怨诚信缺失的时候，也应该扪心自问，我们自己的话又有多少是真的！所以，现代企业在学习《弟子规》时，眼光不能只向外看，而应该向内审视自己，从自我做起。

❷
泛爱众　而亲仁　有余力　则学文

【原文解释】平等友爱地跟身边的每个人相处，做亲近有仁德的人。如果前面都做到了，还有多余的时间和精力，就要多看书学习。

在“孝悌、谨信”之后，第三个重要的就是“仁爱”。“仁”字拆开，就是“人二”，两个人在一起，“仁”是人与人如何相处的行为准则，孔子把“仁”作为最高的道德标准。

为什么要仁爱呢？简单的道理，**我们不对别人好，不关心别人，别人凭什么会对我们好，会关心我们呢？爱别人其实就是爱自己。**就像大山的回声一样，你对它喊什么，它的回声就是什么。

扩而大之，“仁爱”给了我们一个整体观。我们同在一个企业，同属于一个国家，同在一个时代，享受着同样的环境。企业发展好了，企业中的人都会受益；国家强盛了，我们的生活水平也会水涨船高，发达国家的人和贫穷国家的人基本生活水平肯定不一样。在当今时代，生活得再差，也比战争动乱年代生命不保要好得多；我们同属于一个地球，享受着同样的阳光，呼吸着同样的空气，一旦环境被破坏，谁也逃脱不了。我们大家是一体的，不是吗？

现在，人不会和谐相处了，假设了很多的竞争对手，非要把对方置于死地而后快，可能吗？有家企业提出“为冠军而战：宁愿累死自己，也要饿死同行”，令人毛骨悚然。人是应该拼搏，但这样的心态是否走向了极端，人活着就是为了互相比拼而亡吗？企业那么多，每家企业都要生存，与其把精力放在如何干掉对手上，不如想着自己如何能够活下去。

很多企业人很浮躁，只要能赚钱，“坑蒙拐骗”的事情想必都能做。为什么？关键的因素就是缺少了“仁”，没有为他人着想。现在“德行”好像是个奢侈品，甚至会让很多人不屑：“德行？能值多少钱?”结果呢?我们住着豪宅、开着豪车、穿着名牌,但是我们吃着不健康的食品、呼吸着污浊的空气、喝着不干净的水、拖着病怏怏的身体、忍受着心灵上的茫然和痛苦!佛家早就预言我们将会处于一个“饮苦食毒”的时代,好像还真是如此。这都是因为缺少了传统“仁德”的教育,**如果企业注重“仁德”,还会制造污染吗?还会制造假冒伪劣的产品吗?还会想方设法欺骗消费者吗?**

当我们拼命学外语、想出国、骂同胞的时候,我们失去了民族自信,丢失了“仁”,丢了我们的根。也难怪,优秀传统教育已经断代,现在很少强调关爱他人,更多的是如何考试获得高分。所以,**不要认为《弟子规》就是给孩子看的,我们补一补这门功课同样重要。**如果能把《弟子规》活用到现代企业中,更是会有意想不到的效果。

北京汇通汇利公司董事长胡小林先生,把《弟子规》应用到他的企业中,业绩的持续增长就是一个很好的说明。

“孝悌、谨信、仁爱”都做到了,如果还有多余的时间和精力,《弟子规》中才提出去学习,这估计会令很多人惊讶。

试想一个不孝、没有诚信、没有爱心的人,如果特别喜欢学习,那会是什么样子?电视剧中的“坏人”,一旦武功高强,无人能及,我们心里会莫名地害怕。这说明,在每个人的潜意识里,“仁德”是非常重要的。

所以,我们需要的是德才兼备的人,而且德在先。**在企业中,业绩好的,但负能量多的人,还是早拒之门外比较好。**

第二章
入则孝

《弟子规·入则孝》是分叙的第一部分，主要讲述如何处理与父母之间关系，讲述的比较具体，几乎涵盖了日常生活中可能发生的方方面面。

员工在家孝敬父母，这和在企业工作会有什么关系呢?

李嘉诚是个孝子，他只招“孝顺”的人。李嘉诚的“左右手”有一个显著的特色，就是都很孝敬父母。有评论家说:“李嘉诚的身边有300名虎将，其中100名是外国人，200名是年富力强的香港人。”有人说:“李嘉诚的事业是一批孝子和贤能老臣打下来的，而这些人是挖也挖不走的。”

联想柳传志选择员工的条件——招聘孝顺父母和长辈的员工，几代管理者都遵循这个招聘规则，如此循环，“孝顺”就成了联想员工的基本操守。

当一个企业将“孝顺”作为企业文化内容之一和招聘条件时，这家企业就具备了成功的关键要素：一个孝子不会为了自己的享乐，而抛弃自己的父母；进一步来说，一个孝子参加工作后，他会自动地把对父母的孝心，用到自己“老板”和“上司”身上，从而使企业工作效率大幅度提升。

所以，在家对父母的“孝”应该是企业选择员工的基本条件。一个在家不孝敬父母的人，怎么还能奢望他对工作和同仁认真负责呢?

有些人认为，《弟子规》是忠孝的哲学，是让中下层服从于上层的愚民哲学，这是一个很大的错解。对他人的尊重，对长者的诚敬，是我们待人的一个基本准则，用真心才能换来真心。

《弟子规》让我们审视自己，别人应该怎么样，其实和我们没有多大的关系，与其关注外在的指点江山，不如脚踏实地把自己的事情做好。如果能学会换位思考，将心比心，带着关爱、真诚的心去处理问题，那么上下级之间的关系就会变得非常融洽。

❶ 及时行动，提升执行力

父母呼　应勿缓　父母命　行勿懒

【原文解释】父母召唤我们，要马上应答，不要拖延迟缓；父母有事要我们做，要立刻动身去做，不可拖延或推辞偷懒。

在企业里，把“父母”换作上司，也是同样的道理。上司喊你，应及时应答；领导交办的事项，要及时去做，不要拖延，要提升自己的执行力。

在企业中，凡事都有轻重缓急，应按照重要、紧急等进行排序，重要紧急的先做，不重要但紧急的次之，重要但不紧急的排第三，最后才做不重要也不紧急的。由于岗位角色等因素，上司要处理的事项会比下属重要，所以上司安排的事情一般应该优先完成，以免耽误上司的其他工作，除非上司明确告知完成时间。**对上司交办事项的及时处理，不仅仅是对上司的尊重，更重要的是有利于公司效率的提升。**

有的人到处求教如何与上司相处，甚至学习如何管理上级等技巧，再多的培训和学习，其实都不如把这一条牢牢记住，并按此执行。

某公司小李是老板的助理，人很聪明，事情做得很多，可总是受到老板的批评。他自己也很郁闷，前来求教对策。经过了解得知，老板安排的事情，他总是分析来、分析去，要么觉得老板安排的事情有失偏颇，要么觉得时间没有必要那么急。这样用心为老板把关方式可以理解，但要命的是，并没有与老板沟通可能出现的状况，而是自己想当然的拖延或改变，不及时、不主动汇报工作的进展。每次老板主动问起事项的进展，才会告知。如果做了不汇报还算及格的话，不汇报又没有做好，那老板的训斥就是大概率事件了。

对于上级安排和交代的事情，一定要按时完成，并且及时进行汇报，让上司了解事情的进展。如果完成有难度，更要及时沟通，一起商讨对策，上司也许会选择其他的解决方式。现在沟通手段很方便，实在找不出不及时沟通汇报的理由。

现在的员工都强调个性，追求平等，凭什么下属非要及时完成上司安排的工作？**人与人之间是平等的，但在不同的环境下，要扮演不同的角色，就需要遵守相应的规则。**这就像一场戏，每人的角色不同，说话行为方式也不同，这完全是角色的需要，一旦卸妆，大家又回到了原来的状态。**没有规则就不会有正常的秩序，还如何能够实现平等？**

换个角度想，如果自己给下属安排工作，下属丢三落四、有头无尾，自己会怎么对待？一旦发生下属和上司配合不好的情况，工作推进就会大打折扣。有的下属会认为上司故意找茬，这时候仔细想想，是他故意找麻烦，还是自己确实没有做好呢？

在企业里，应该以事为先，先把该做的事情做了，再去沟通其他的，效果会比较好；如果该做的事情不做，还找借口沟通，那就会遇到麻烦。早晚都要做的事情，为什么不及时做，非要拖拖拉拉呢？

❷ 珍惜上司的教诲

父母教　须敬听　父母责　须顺承

【原文解释】父母教导我们，应该恭敬地聆听；做错了事，受到父母的教育和责备时，应当虚心接受，不可强词夺理。

在企业中，上司的教诲，需要恭敬地去听。上司之所以是上司，必定有强过自己的地方，在心理上，我们首先要尊重他们。能碰到一个愿意说给自己听的上司，比较难得，无缘之人，根本不会见面，更不会有机会和自己说上哪怕一两句话。

有些人听不得上司说自己几句，这种心态很不健康。**上司愿意说给你听，是觉得你可能是个可造之才；如果根本对自己什么都不说，那反**

而要小心了。试想，一个不喜欢你的上司，他怎么还会教育你去提升呢，能赶走的直接赶走，不能赶走的漠视就是了，哪有那么多时间浪费在一个扶不起的“阿斗”身上呢？

如果上司是个“不厌其烦”的人，天天说重复的话题，怎么办？出现这种情况，要么是你一直没有改进，问题还在重复发生；要么他确实是个爱说的人。但你不去聆听，能改变他爱说的习惯吗？改变不了！既然改变不了，还是以敞开的心态去听，去了解上司的言谈逻辑，多听总是没有错的。对上司的尊重和聆听，会让他对你另眼相看，他会把你看成“自己人”。

有愿意教的上司应该珍惜。在技术、知识都可以换取收益，在职位竞争非常激烈的今天，很多人想保留自己的竞争优势，有私心的人会害怕“教会徒弟、饿死师傅”。所以，**对于上司的教导，更要把握机会，恭敬地去听，毕竟他没有收取你任何的学费**。

如果你犯了错误，受到上司的责备，同样需要虚心地接受，并进行自我反省。找到自身的问题，就是你进步的空间。就像学生作业有了错误，改正了，就是知识的增加。每个人都是在一步步的纠错过程中成长起来的，犯错十分正常。**犯错不可怕，可怕的是推脱责任**！总认为是别人的问题，或者是出于面子，或者是出于职位的发展，不愿意自己承担责任。上司对那些犯了错误又狡辩的人，一定会非常反感。在上司看来，出了问题却没有一个端正的态度，怎么可能下次不出问题呢？这也是很多企业存在矛盾的根源：总认为上司所责有失偏颇，是张三不对或者李四的错，就是不想承认自己有什么问题。不信，看看周围的人在出了问题后，有多少主动承认错误和反思的，多是找一些所谓的“客观理由”搪塞。

如果确实是上司没有了解真实情况，所责有失事实，那也需要虚心地进行解释。如果是在会议上，一定不要当场反驳，应该先给予尊重，保留意见，等到会议结束后，再找机会给上司讲客观的真相，但态度不可傲慢。即使与上司见面的机会很少，那也没有问题，邮件、短信、微信等沟通方式非常方便，还能缺少沟通渠道吗？何必当面针锋相对？如果上司最后知晓了事情的真相，发现自己确实误会了，**你给了上司面子，他觉得你处理事情有礼有节，定对你刮目相看，自己发展的机会也就多了，所受的“委屈”肯定会得到相应的回报。**

③ 多从上司角度思考问题

冬则温　夏则凊　晨则省　昏则定

【原文解释】冬天寒冷时要留意父母穿得、住得是否温暖，夏天酷热时要考虑父母是否感到凉爽。早晨起床后，先探望父母，向父母请安；晚上要照料父母安睡。

“冬温夏凊”是《二十四孝》中的一个故事。在东汉时期，有一个孩子叫黄香，在他九岁时，他的母亲就去世了。小小年纪的他在思念母亲的同时，更加珍惜自己的父亲，对父亲的照料可以说是无微不至。夏天暑热，黄香在父亲睡觉之前，会先用扇子把其床铺扇凉；冬天寒冷，黄香就先钻进父亲的被窝把被褥暖热。那么小就会体贴照顾父亲，在当地被传为佳话。后来当地的太守刘护得知后大为感慨，就给皇帝上书表彰这个孩子的孝行。

看看黄香是怎么样对待父亲的，我们看着都觉得脸红。现代人对父母的关爱太少了，反而是父母不分日夜地为我们操劳，我们的理由就是事情多，忙！在企业里，我们真正又去忙了些什么呢？

在企业中，对应这一条，是指我们要多想一想，想上司之所想，急上司之所急。

虽然“屁股决定脑袋”，但没有脑袋的前置思考，屁股所坐的位置又如何能进步呢？**经常思考某方面的事情，才可能会出现某方面的机会，得到自己所想要的结果。**我们从来想都没想过的事情，这样的机会也不会出现。从心理学上讲，这是“感应”，唯有所想才能有所机会，不是说“机会都是给有准备的人”吗？

一位上司组织下属召开了一个项目方案研讨会，上司讲述了4个观点，并进行了观点的展开介绍。会后，交代一位下属把所讲的方案阐述完整。这位员工在听上司介绍的时候没有用心记，结果，整理的内容根本没有把上司所要讲的观点表达出来。上司一看，火冒三丈，说把他讲的观点变少了，现在还要再重新构思。幸好，当时在场的另外一位下属录了音，他建议说要不他来整理吧？最后，这位员工整理出5个核心观点，把上司没有想到的一个点进行了补充，还把上司阐述时交叉重复的内容进行梳理和切分。上司一看，眼睛顿时亮了。

为什么会有这样的不同？关键在于我们的思考角度和态度。如果只是就事论事地去做，没有更多的思想，那就说明更高一级的位置还不适合我们。

为上司着想，不是拍上司马屁，这是对自己负责，对上司负责，是有责任感的体现。**有些员工抱着给我多少钱就干多少事的态度，那从公司角度来看，你干了那么一点也就值那么多钱。**日复一日，时间也就这样过去了，浪费的不仅是在企业发展的机会，也是自己永远换不回的黄金岁月。很多人总认为自己是金子，只是被土埋了而已，可金子总要找个时间发发光给大家看一看吧。

从上司角度多思考，不是为了某种目的而故意“作秀”，而是把对自己和他人负责当成习惯！如果只是“关键”时刻突出自己，打压别人，以引起上司的注意，这样才是拍马屁。因此而得到了进步的机会，也会让其他员工所不屑，以后想让众人服就很难了，埋下了上司与下属不合的隐患。

4 事项多沟通，事业多专注

出必告　反必面　居有常　业无变

【原文解释】外出时一定要告诉父母去向，返回时，一定要禀报父母一声，向父母报平安。生活起居要有规律，我们所居住的地方要固

定，不要老搬家，我们的事业和职业也不要经常更换。

如果要出差或外出，必须要告知上司；回来后，要向上司做相关汇报，并进行定期不定期的工作汇报，其目的就是要让上司对自己的工作知情。

我们经常会遇到这样的“冤屈”：明明你有很多事情要做，工作很忙，但上司认为你并没有那么多事。这是因为人们通过自己所接触的信息判断事物，没有接触到的信息，即使再丰富多彩，也无从感知。所以，如果上司误解了你的工作强度，那怪不得上司，是你没有创造机会，让上司清楚了解。

很多人想当然地认为自己做的事情上司都会或者应当知道，其实这是不可能的。**上司自己的事情那么多，不可能有时间去思考每个人的工作。只有主动告知你的工作状况和动向，才能减少在上司心目中的空白感**。这是一种有效的工作方法，必须要遵守，要养成这样的工作习惯。

我们发现，经常保持这种习惯的人会提拔得快。有人认为这是因为喜欢跟领导走得近、喜欢奉承领导的结果。这是对自己工作缺陷的辩解，自己没有做到，反而诋毁这样做的人。这样想的人，即使领导主动询问工作状况，肯定会认为领导在监视他，不信任他。**我们总习惯把眼光盯着别人，妄加评论别人的是是非非，很少反思自己的工作是否尽责，这是当前很多人遇到工作障碍和遭遇麻烦的根源。**

员工在企业遇到工作瓶颈或发展困难时，习惯性地想离开，想换个环境，寻找更好的发展机会。适当的工作调整或更换，对激发工作热情是有利的，但更换工作不可以过于频繁。要思考换工作是为了什么，以及当前遇到障碍的根源是什么？是自己的问题还是公司的问题？

如果确实是公司的问题，换份工作，寻找更好的发展平台，也是不错的选择。**如果是自身的问题，就要警醒：当前遇到的困境，如果自身不改变，即使换了个环境，还是会出现！**

工作需要沉淀，换了一份工作就等于重新开始，以往的积累很多就变得没有价值，等于浪费了以前的时间！工作的每次变动，就像汽车拥堵时的每次变道，不仅多了一次变动风险，而且变道后，该车道前面是否更加拥挤也不得而知。有时变道后发现，刚才的车道突然顺畅了，原来后面的车反而超越了自己，开到了前面。

通过对比发现一个现象，在一家企业长久工作的员工，职位往往比较高，比那些经常跳来跳去人的职位要令人羡慕。看看很多的企业的老总、主要负责人，大多都是“熬”出来的。有人开玩笑说是“剩者为王”，其实不仅是因为职业忠诚，也因为减少了工作变换带来的职业风险。

跳槽更换的只是一个平台，成功的关键是自身的能力，没有能力，换来换去最终或许什么都不是。只要有能力，处处都是机会；是金子，哪里都会发光。

5 勿以恶小而为之

事虽小　勿擅为　苟擅为　子道亏

【原文解释】事情虽然很小，也不要由着性子擅自做主和行动；如

果由着性子胡来的话，就有失做子女应该遵守的本分了。

由于儿童的主观判断还不够成熟，很容易造成不好的、不良的后果，比如乱动家里的电器、乱毁坏东西等，所以《弟子规》要求不要擅自去做，特别是在安全、礼貌、礼节等方面。有人认为这样压制了孩子的个性，等于从小就剪断了孩子腾飞的翅膀。要提醒的是，在心智不成熟时，做了本不属于该年龄阶段的事情，结果翅膀有可能变硬了，但主体人自身却长歪了，就像没有打理的瓜果。

三国的刘备在临死前，对儿子刘禅不放心，除了把他托付给丞相诸葛亮外，还给他写下了一封信："勿以恶小而为之，勿以善小而不为。惟贤惟德，能服于人。"后来，刘禅在诸葛亮的辅佐下，治理蜀国没有大的失误。诸葛亮死后，刘禅逐渐放纵自己，最终蜀国被曹魏灭掉，刘禅也成了俘虏。

切换到企业中，就是要求我们，不适宜的事情，再小，也不要擅自去做。

孔子最赞赏的弟子颜回，一生就奉持"四勿"，即**"非礼勿视，非礼勿听，非礼勿言，非礼勿动"。意思是说，凡是不符合礼仪规范的、不道德的行为，我们不能去看、不能去听、不能去说、更不能去做。**这些事情，哪怕再小、再细微，我们都要处处依规范行事。如果在工作中忽略了小礼节，可能会得不偿失。

某公司待遇很好，面试者很多。过了很多关，有少数几个人进行最后的面试。面试官说："我现在有点事情，请稍等十分钟。"离开后，一位应试者站起来开始东翻西翻，翻完以后还拿给其他的人："你们要不要看？"十分钟后，面试官进来了："对不起，你没有被录取。"原来，这是一个测试，通过办公室摄影机，看他们在这段时间的表现，当看到一位应试者轻易翻动公物，就决定不录取。他们的用人原则是：**小事上不注重礼仪规范，大事上也不会让人放心。**

我们做每件小事情，都不可掉以轻心，因为它都会折射每个人的素养、态度和能力。"冰冻三尺非一日之寒"，事情都有一个从量变到质变的过程，员工经常关注质变，却对量变的过程掉以轻心、不以为然，但总会有"压死骆驼的最后一根稻草"！

老板对员工的评判，也是从一点一滴的小事情上汇总而来的。所以即使再小的事情，也要审视自己的内心，不符合礼仪规范的、不道德的事情，再小也不能去做。**一旦在内心打开道德缺口，就会逐渐撕裂自己的良心，看很多犯罪分子的忏悔，大部分人都是从一点小事做起，以后胆子越来越大，最终酿成悲剧。**

工作，我们要坚持从小节抓起，"勿以善小而不为，勿以恶小而为之"，时时处处规范自己的行为，在各种诱惑和不良习气面前耐得住寂寞，洁身自好，不为所动，这样才能踏实地工作，正确地处理好人和事。

6 不贪公司小便宜

物虽小　勿私藏　苟私藏　亲心伤

【原文解释】公物即使再小，也不能私自占为己有；如果私藏公物，缺失品德，就会让父母伤心。

在企业中不侵占公物，公私分明，是员工的基本素质。有些员工喜欢贪占公司便宜，私占公司财物，想一想，这是什么行为？公司财物是谁的？是老板的，它姓“私”不姓“公”，再小的东西，都有主人。**占了公司财物不就等于从老板口袋里掏东西吗？这是在老板不知道的时候拿的，所以不就是偷盗吗？**

南京放射源丢失的事件，是一则比较有讽刺意义的新闻。经查证，竟然是一名工人误认为其很贵重，然后揣回了家！还将其装入上衣口袋里，结果还真“心伤”了，因为受到辐射的伤害！本以为捡个宝，没想到是个祸。如果秉持“物虽小、勿私藏”，还会有这样的后果吗？

笔者和朋友聊天，有时会谈到佛家讲的“不偷盗”，大部分人都会说，这一条没有犯过。笔者解释说：“不偷盗”不仅仅指明目张胆偷取别人的东西，还包括所有把他人财物不合规地归为己有的行为。这时候，很多人都不再说没有犯过了。

不合规占用他人财物的方式很多，小到占公司小便宜，如拿走公司本子、笔、纸张、私打公司电话，大到拿走公司设备、产品、技术、虚报发票等。严重者贪污公司钱财，收取商业贿赂，非法转移公司财产。看看几个国有大企业，中石油、华润的案子，就知道财来财去一场空，结果不仅是“亲心伤”了，涉案人员还会受到法律的制裁！

员工一定要做得正，行得直，不要认为占公司便宜其他员工发现不了，自认为神不知鬼不觉，总觉得别人不会知道。人在心理上有个弱点，在同样条件下，往往认为好事会发生在自己身上的概率大，不好的事发生在自己身上的概率很小，于是就形成了侥幸心理，“哪有那么巧?”**但我们回想一下，总会发觉身边有人在“耍小聪明”，那就说明事情肯定会暴露的，如果员工有了某些“缺陷”其他员工也肯定会知道的。**心存侥幸的负能量事件要杜绝，“要想人不知，除非己莫为”，这是中国的古训，不无道理。

现代人的价值观倾斜比较严重，还不只是“不占公司便宜难以做到”，而是有些人认为“不占公司便宜是傻”！**每个人的行为举止，别人在心里都会进行评判，喜欢占小便宜的人，最终是占不了便宜的。**占小便宜者，上司提防你，占便宜的机会减少；占大便宜者，公司约谈，职位上升机会减少，或者开除；严重者，还会受到法律的制裁。

传统的中国人比较重视义、礼，有让“亲心伤”的事情会很丢脸的；现在变了，道德贬值，根本不考虑亲心伤不伤。与其不合理地贪小便宜，不如多积点德，追求一种健康的价值观。

比尔·盖茨让人尊敬的不仅仅是创造了微软，成为世界首富，更让人尊敬的是他至少捐出一半财富，从事慈善公益事业，成了“世界首善”！到底他是先首善再首富，还是先首富才首善，这是一个“蛋生鸡、鸡生蛋”的问题，但肯定地是：他的事业与如此的善行是相互交织在一起的，如此的心量值得我们永远传颂！

7 与老板保持一致

亲所好　力为具　亲所恶　谨为去

【原文解释】父母喜欢的事情，应该竭尽全力为他们准备好；父母不喜欢的事情，要小心谨慎地帮父母排除掉。

一家企业员工李某一直喜欢给张老板提建议，但这些建议在老板看来有些华而不实，就没有采纳。但这位仁兄还是经常提及这些建议，甚至企业一旦遇到些问题时，就抱怨是老板没有采纳其建议造成的。后来老板急了，说这个公司姓张，不姓李！最后弄得不欢而散。

问题的解决方案有很多种，比如营销活动中开店的模式，有加盟、合营、自营，没有哪种模式一定是最好的，各有利弊。构建区域经销模式也有公司制、总经销或扁平化分销等多种模式。如果老板根据其个性或资源等因素特别偏爱某种模式，员工就无须一定要建议其他，而是应该努力把老板所偏爱的模式做到最好，这才是一个员工应该有的责任和态度。

对老板喜欢的努力去做，不喜欢的努力排除，这不是愚昧，不是一心奉承，其中隐含了很多的哲理。老板创办一个企业，承担了很大的责任，他必须要承担所有的风险。作为一名员工，承担的风险肯定要小得多，甚至感觉心里不爽了，想跳槽就跳槽，但老板能跳槽吗？当所有员工都可以离开时，老板还是要最后一个人留下，他要为所有的行为和决策买单。

老板与员工所站的角度不同，自然对一件事物的判断结果也会有所不同。所以，**我们应该与老板心往一处用，劲往一处使，才能形成很强的合力。如果你是老板，天天遇到一个唱对台戏的员工，你会怎么想？**所以，不如顺其道而行之。如果老板反感虚假行为，那么就应该将虚伪奉承之人挡在公司门外；如果老板喜欢把品牌定位为传统、经典，我们就不要再去争辩西化和时尚；如果老板说向东，我们就不要向西。老板喜欢的，努力去做；不喜欢的，就不去做。

从另外一个角度来说，老板的做法代表老板的个性，而人的个性是很难改变的。胳膊是拧不过大腿的，既然拧不过，还去拧，那不是自找没趣吗？很多想方设法改变老板做法的人，很少有成功的，如果一直针锋相对，离开的只有自己。

当然，如果实在受不了某个老板，可以选择跳槽。要说明的是，每个企业都有各自难念的经，总是很难尽如其意。**完全适合自己个性的企业必须是自己创办的，否则就要听从老板的，这是尊重，也算是无奈。不过，尊重的成分越高，未来的空间也就会越大。**

❽ 积德就是累福

身有伤　贻亲忧　德有伤　贻亲羞

【原文解释】自己的身体受到伤害，父母就会忧虑；做出伤风败德的事，就会使父母蒙受耻辱。

身上受伤了，父母就会忧虑；德行有伤，父母就会蒙受耻辱。这是通过一组对比和递进的关系，来说明德行更加重要。

但当下情况完全颠倒了，父母如果看到自己孩子不小心摔倒了，哭了，会紧张地跑过去，宝贝长、宝贝短地哄着；如果自己的孩子抢了别人家孩子的东西，或者与别人家的孩子打闹占了上风，这时，家长一般不会真心批评自己的孩子，最多为了照顾对方家长面子适当责备一句，内心可能认为自己孩子太厉害了，以后不会吃亏，心里反而很高兴！这样，从小就给孩子埋下了“缺德”的种子！身体一点伤，很容易就恢复了，算得了什么？而德行的伤是“内伤”，反而不易觉察，这种糖衣炮弹蒙蔽了很多人的眼睛。只看到非常短暂的眼前一点点结果和利益，而看不到积福累德的长远和未来，虽然也是一心为孩子考虑未来，做的是背道而驰！

什么是德？学校里是“五讲四美三热爱”，生活中是“仁义礼智信”，企业中则是要遵守企业的规章制度，实践公司文化。

清华大学的校训是“厚德载物”，“德”是指按照自然规律工作、生活、做人做事；“物”就是我们所说的福报。我们所说的财富、智慧等，老祖宗用一个“物”字来代表。厚德，才能承载万物。

德行就是积累福报的过程，人的福报就像一个水池，不断通过积德向里面蓄水，福报会越来越多；而缺德，则是不断地从水池排水的过程。一旦福报用尽，相应的痛苦和烦恼也就会接踵而来。**别人享受福报时，我们“羡慕嫉妒恨”，而忽略了别人积累福报的过程；只看到果，没有看到因，就会产生不平衡感。**我们都知道能量守恒，其实福德也守恒，只不过没有人测量而已。

有人说：“不对啊，富贵人家的孩子是含着金钥匙出生的，孩子的福报从何而来？”有这样疑问的人，应该反思自己的德行，因为德行好的人，压根儿就不会这样想。他们会认为：别人是别人，自己是自己，羡慕别人也不会给自己带来任何的帮助，反而徒生烦恼，何必呢？当然，这个疑问也很容易回答，这些福报是祖上积德，“积善之家必有余庆，积恶之家必有余殃。”他们祖上有德，家风好，有什么可“羡慕嫉妒恨”的？但如果后代不再继续积福累德，福报用尽，栽殃随之就来。有些富二代飙车斗殴，车损人亡的事情也不少；高官达贵享受荣华富贵，一旦德行下降，触犯法律，牢狱之灾随之就来，立刻冰火两重天。

德行的伤难治疗，需要慢慢调理；如果任由德行“胡作非为”，严重透支，这种内伤迟早会爆发，千万不要在弄得遍体鳞伤时，才能幡然悔悟。

9 坚持原则，不因别人的态度而动摇

亲爱我　孝何难　亲憎我　孝方贤

【原文解释】如果父母疼爱子女，对子女呵护有加，孝顺不是件困难的事情；但如果父母不喜欢我们或管教过于严厉时，我们仍然孝顺他们，这才是真正好的德行，难能可贵。

《二十四孝》中第一孝为《孝感动天》，介绍的是关于舜的故事。

舜，相传家世非常贫寒，母亲很早过世，继母生个兄弟名叫象，家人对舜都很不好。父亲心术不正，继母两面三刀，弟弟桀骜不驯，几个人串通一气，想置舜于死地而后快。舜修补谷仓仓顶时，在谷仓下纵火想烧死他，结果舜手持两个斗笠跳下逃脱；舜掘井时，父亲与象却用土填井，想闷死他，结果舜掘地道逃脱。几次被加害，他都化险为夷。难能可贵的是，舜对此毫不忌恨，仍对父母不失子道，十分孝顺，对弟弟友善。当时的天子尧听说后，不仅把两个女儿嫁给他，还选定舜为他的

继承人。

在企业中，做自己该做的事情，不因领导对我们的态度不同而改变。按规则做事，是我的态度；领导如何做，是他为人处世的风格，与我不相干。在现实生活中，如果真的能够像舜那样，不因上司的态度而影响自己，领导也肯定会大为感动的。再说，哪有那么不讲理的领导呢？

网上流传一顺口溜，“客户拒我千百遍，我待客户如初恋；客户虐我千百回，我誓今生永相随；客户骂我心不堵，我当自己是保姆；我当客户是上帝，俯首作揖不离弃。”虽然有半开玩笑的成分，但这应该是我们对待他人的态度。把“客户”换成“上司”或其他，同样适用。

大部分人都喜欢讲，谁对我好，我肯定对他也好。如果都这样想，谁要先走出第一步呢？如果不走出第一步，这个命题不是永远都不会发生吗？再说，即使别人对你好，你又一定能感觉到吗？不一定，不然，很多的误会又是如何造成的？**假设产生了一点误会，我们立即睚眦必报，那不是加大矛盾了吗？**如果心胸开阔，自己的态度不变，误会自然很快消除。很多假想敌都是自己凭空臆断，然后不断放大而炮制出来的。

为什么我们会遇到很多麻烦？那是因为之前我们给别人也添过麻烦！**凡事都有因果，现在的每一件事情必定会影响到将来；只不过现在的哪件事会影响到未来的哪件事很难一一对应，但现在的“果”必定是之前种下的“因”，好果归于善因。**

⑩
上司有过错怎么办

亲有过　谏使更　怡吾色　柔吾声

【原文解释】父母有过错的时候，我们要努力劝说他们改正错误；进行劝导时，一定要和颜悦色，声调柔和。

人非圣贤，孰能无过，领导也不是完美的，领导也会犯错误。如果领导出现了问题，我们应该怎么办呢？我们要帮其纠错，但要注意方法，声调要柔和，不能让领导下不了台。

有些人天生好战，巴不得领导犯错，认为领导犯了错就是自己展现的机会。于是对领导的错误大写特写，突显自己，结果往往弄巧成拙。**细心观察身边的例子，让领导下不了台的人最后大多是自己也下不了台。**有些即使抓住领导错误的机会，通过手段让其“下课”，但他自己的人品分数也会迅速下降。

纠正上司的错误，要特别小心。**人际的沟通，除了语言，还有动作和表情。**同样的“好”字，根据语气和表情可以有喝彩、幸福、应答、幸灾乐祸、仇恨等含义。所以，**在指出上司错误时，就应该注意场合和方法，大的说小，小的顺带而过。上司又不笨，能从你的话语中听出你所想表达的内容。**

有个项目小组，一名上司和两位下属服务一家客户。这位上司喜欢用假发票虚报费用，客户的财务人员曾对其中一位下属说，你们领导的机票怎么都是全价票，这个线路都有折扣的啊？后来这位下属就向上司说了客户财务人员的疑问。但上司再次报销机票时，照样选择虚假的全价机票。两位下属觉得一直这样，客户对公司的印象肯定不好，于是又想了个对策。

在一次谈话中，引到交通的话题时，一位下属说："现在机票真便宜，折扣很低。"另一位下属心照不宣："是啊，我们公司到客户这里的机票最高才6折，真便宜！"看似无意的谈话中，下属已经表达了想说的意思。结果这次上司真听进去了，因为在客户那里报销的机票变成了8折票，不再是全价的。

在与上司沟通时，不要用否定和反对的词汇如"不对，我不认同这个观点。"也不能说，"虽然提到得很全面，但是……"这明显也是反对的观点。喜欢说"但是"的人，要特别注意，因为"但是"听上去很刺耳，那是对前述的全部否定！应该用"补充"或"并列"的词汇来表达，可以说，"是的，同时……"或者"我再补充一个观点……"并列的或补充的观点可能与上司说的完全不同，但态度明显是不同的，后者只是各自观点的表述。自己的观点只要表达了，听者也就明白了你的意思。

同样的内容，不同的方法和措辞，产生的结果会有很大的差异。这是一些年轻人特别容易忽视的地方，这不是条条框框，而是心里要装着

两个字：尊重！

⑪ 对上司提出意见要用合适的方法

谏不入　悦复谏　号泣随　挞无怨

【原文解释】父母听不进去劝解，应该和颜悦色再次规劝；父母不听相劝，甚至哭泣着恳求，纵然遭遇到鞭挞，也无怨无悔，以免父母铸成大错。

上司有问题，一次劝说不成，以后有机会还要和颜悦色地说出来。只要是正能量，诚恭诚敬地“谏”，总有一天会得到认同。不是一定要哭喊着去做，要表达的是一种无怨无悔的态度。

“号泣随”来源于一个故事，主人公就是唐太宗李世民。隋唐之际，李世民还没有当皇帝时，父亲李渊带着他南征北伐。有一次，李渊决定率领军队朝着既定的路线行走，李世民认为在这条路上很可能会遇到敌军的伏击而全军覆没。他就多次劝导父亲不可以走这条路，但是父亲不听。军队出发之前，李世民坐在地上，号啕大哭，依然劝说父亲。后来父亲改变了路线，因此军队才免于危难。

差之毫厘，失之千里，关键时刻我们必须行得正，对犯原则性错误的领导要反复提醒和规劝。即使领导不接受，我们也无怨言，因为我们在做该做的事情。

在指出上司原则性错误的时候，要注意我们的脸色，不能表情凝重，义正词严，这样上司肯定没有办法接受。**应该和颜悦色，用委婉、真诚的态度来劝告上司，同时还要多思考，要掌握时机，这些都非常关键。**

看看几个大企业领导，被抓起来都是一串一串的，领导犯事，助手或秘书也大都被抓起来。这警示我们，如果下属为了眼前利益，同流合污，下场也是一样的。

作为上司，也应该特别注意，要常常反省自己有无过失。如果有不良习惯或错误，也应该及时改正，给下属做好榜样。

当然，对上司的规劝开始会很难，但要有耐心并坚持，不怕被责备。**如果把上司当作亲人对待，存好心，就会知道很多事情该如何做。**假如时机、态度、方法都对，还是没有效果，怎么办？人的行为都有一个惯性，改变一个人的行为惯性需要一定的力量、需要一个过程，假如没有产生效果，说明力度还不够，只有继续努力和坚持。

⑫ 爱公司才会被公司爱

亲有疾　药先尝　昼夜侍　不离床

【原文解释】父母生病时，要替父母先品尝药，看苦不苦、烫不

烫；要不分昼夜地照料父母，守候在父母的床前，不能随意离开。

汉文帝虽然贵为皇帝，却很孝顺自己的母亲。有一次，汉文帝的母亲病了，他日夜精心服侍，一步也不曾离开母亲床前。每天母亲喝汤药时，他都要亲口尝尝，唯恐太苦、太烫。人们常说："久病床前无孝子。"但汉文帝侍奉母亲却长达三年之久。

现在，有多少人能做到父母生病"昼夜侍、不离床"的？在各种纪念父母的节日，我们在网上分享着父母的伟大，感谢父母的养育之恩，好像就尽到了责任。母亲节时，一位朋友的提示耐人寻味：你们在网络上那么感恩母亲，她老人家知道吗？再多的文字，不如见面时真实的关怀，也不如平时的嘘寒问暖来得实在。

同样，在企业遇到困难时，我们应该身先士卒，一心为公司着想。现在强调人才在企业间的自由流动，双向选择。企业在遇到问题时，就想着赶快跳槽，远离"麻烦"，这在当前的社会价值观下，也无可厚非。但**要知道，机会总是与付出成正比的，有点风吹草动就首先从自我出发，频繁跳槽，最后就会变得无槽可跳。**

想当年，巨人集团发展遇到问题时，史玉柱曾欠债2亿多元，成了名副其实的"负翁"，承担了多大的压力可想而知。他爬珠峰时，在6000米处迷路，为同伴所救，当年团队中有些人在事业上对他不离不弃。后来，史玉柱靠脑白金东山再起，原来团队的成员纷纷身居要职。没有企业生病时的坚守，没有不计投入的付出，哪能分享成功后的果实！

我们现在存在很大的问题，就是只想享受成果，而且想少付出。人总有一种天生的惰性，想吃最少的苦，走最短的路，获得最大的收益。**《弟子规》不是让大家为公司卖命，也不是把公司和领导视为神圣不可侵犯的，而是找回企业最基本的认知：不爱公司，怎么可能被公司所爱；没有付出，怎么会有回报？**

⑬ 要学会感恩

丧三年 常悲咽 居处变 酒肉绝

【原文解释】父母去世之后，要守孝三年，经常追思、感怀父母的养育之恩。守丧期间，自己生活起居简朴，不喝酒、不吃肉。

读到这些话语时，很多人会感觉不可思议，有人认为是“愚孝”。要知道，为父母守丧三年是公认的丧期，我们也有在父母怀中的三年之爱。只是，我们忘恩了！

佛家讲“上报四重恩”，一是父母恩，二是老师恩，三是众生恩，四是国家恩。

没有父母，自己在哪里都不知道，不要感恩吗？所有帮助我们增长学识的人，包括教师、公司领导及其他在我们工作和生活上给予我们指导的人，没有他们的指导，我们的学识从哪里来？仔细想一想，我们的衣食住行，少不了其他人的帮助，没有人能完全自给自足。国家给予了安定的工作和生活环境，为什么还要仇恨自己的国家呢？

很多时候我们是身在福中不知福，**与其幻想着更美丽的泡沫，不如静下心来享受身边随手得到的幸福**。现在感恩的人少了，认为一切都是理所当然的。

在企业里谈感恩也难，甚至有些人还认为讲感恩是洗脑。我们工作中的每一个成绩，都不是一个人能够取得的，是很多人直接或间接帮助的结果。**如果明白事情是要靠大家完成的，就容易放下自己的傲慢，不再以自我为中心，从而产生对他人的尊重和感恩之心。**

现在很多人拿着公司的钱，还说着公司的坏话。一离开公司，更是没有半句好话。既然那么差，当初为什么要进来，是自己眼拙吗？既然认为公司不行，那为什么还要待一段时间呢？所谓的“骑驴找驴”，那就证明，在没有找到“新驴”之前，“老驴”还是有价值的。既然如此，为什么还要“非议”公司，这不就恰恰证明是自己的问题吗？

有些人到新公司去面试时，喜欢谈一些原有公司的不是，结果往往会落选。**一个不懂得感恩的人，也不会得到别人的认可，也不会获得一些重要机会的青睐。**

⑭ 真诚心永远不能丢

丧尽礼　祭尽诚　事死者　如事生

【原文解释】办理父母的丧事要合乎礼节，祭拜父母一定要诚心诚意。对待已经去世的父母，要像生前一样恭敬。

传统的中国人不信上帝信父母，讲求“孝道”。《论语》云：“慎终追远，民德归厚矣。”慎重地办理父母丧事，虔诚地祭祀远代祖先，根本目的是在教化后人，以此培养人们的道德品性和反哺报恩的观念。

祭祀父母、祭祀祖先不是迷信，**祭祖是一种孝道的落实，是对父母诚心的体现。睹物思人，借此可以回顾我们的生命历程，珍惜当前的生活。**

汉代有一个叫董永的穷人家的孩子，母亲去世后，和父亲相依为命。后来父亲也不幸去世，由于家里穷，董永连葬父亲的费用也凑不出来。为了埋葬父亲，他只好把自己典押给有钱人家当佣工。相传，董永的孝行感动了上天，九天仙女下凡，帮助董永还清了债务，后来人们便把仙人下凡的地方命名“孝感”（即今湖北省孝感市）。

人与人之间的感情很容易夹杂利益因素而变得不纯粹，唯有对已故的父母，没有奢求，只有真诚。如果祭祀父母时还没有真诚，只是走走形式，只能说白到人间走一趟了。**流行、时尚、使用工具等可以过时，但人的真诚永远不应该过时。**

现在男人想发财，女人想漂亮，其实根本就不知道真诚的心能带来事业的腾飞、财富的增加；女人事事真诚，心少杂念，相貌自然漂亮，抵得过很多高端的化妆品。

侍死如生，贵在一个“诚”字。侍奉父母的态度跟生前没有两样，父母对我们的期许和教诲，绝不能因为父母的离去而有所改变。**别人给予我们的帮助，也不应该随着时间和环境的变化而褪色，更不能忘恩负义。**

圣人千言万语的教诲，无非就是把我们至诚本善的心开显出来而已。可惜现在的人不愿意比诚信，却喜欢攀比财富、炫耀地位，令人惋惜。

第三章
出则悌

《弟子规·出则悌》是分叙的第二部分，主要是告诉我们如何处理与同仁、同辈之间的关系。有了这些，我们就树立了与人打交道的准则。

从企业的角度来看，可以当作处理同事之间关系的指南。它告诉我们：同事之间要互相尊重，互相关心，互相帮助；看淡财物，学会忍，减少冲突；同事之间也要长幼有序、讲究礼节，谦虚礼貌对待同事，把企业看成一个大家庭；能帮助别人的举手之劳不要吝啬……

“旁观者清，当局者迷”，就是说在一个特定的环境下，看不清自己。很多人有一些不良习惯，如懒惰、虚荣、自我、贪小便宜等，为什么不愿意改变呢？因为他们目光短浅，如果眼光长一些，就会知道，一些不好的习惯是事业不顺和麻烦的祸根。这和吸毒类似，得到的只是眼前的“欲望释放”，但当不良恶果出现时，后悔不已，怨天尤人，却不知这都是自己造成的。

要为未来负责，就必须认清当下。

行为的提升，只是外在的行为改变是不够的，关键是内心的改变。当然，开始可以通过外在行为举止的学习，来约束自己的内心，告诉自己内心应该如何转变。只注重外在行为的改变，而内心没有认同和理解，就容易演变成厚黑学，变成了玩弄权术。只是外在的表演，涉及自己利益时就把它忘得一干二净，怎能不让人误解？应该用心感悟，使内心的理解和行为举止一致，“诚于中，形于外”，这才是最根本的。

如果把《弟子规》当作学术探讨，不会有任何收益。只有把它应用到生活和工作中，才能转化为智慧，才能优化我们的环境。

❶ 用心相处，团队才会牢固

兄道友　弟道恭　兄弟睦　孝在中

【原文解释】兄长要懂得友爱弟妹，弟妹也要懂得恭敬兄长；兄弟姊妹能和睦相处，父母欢喜，这其中也就包含了孝道。

企业家深刻认识到团队协作是企业制胜的法宝，现在都强调团队打造，从制度、激励、考核到培训，都是围绕着团队的执行力和凝聚力展开的。《弟子规》道出了关键的一点：**互相尊敬、和睦相处。员工思想认识不调整，团队打造永远都是一句漂亮的口号。**

企业部门之间、同事之间互相推诿和扯皮，造成企业大量内耗。为了杜绝这种现象，企业设立更加细致的部门职责、岗位职责、工作流程、管理制度等，花更长时间学习。结果，稍有不慎，遗漏了某一项，又产生了管理漏洞，于是，就再研究出台一个新的对策。制度、管理方法越来越多，各种矛盾还是层出不穷。

笔者有幸接触到一些企业，没有那么多的管理制度，没有那么多的岗位职责和要求，反而企业员工流失率低，大家都很敬业。细究发现，这些企业员工的心灵都比较“简单”，强调用心。与用外压方式实现的团队执行力相对应，他们强调“自律”，是由内而发，团队执行更具有感召力和持久性。

很多问题的产生都是由于教育的缺失、人心的不善造成的。一些企业部门之间强调这是你的，那是我的，好像井水不犯河水。企业是一个整体，各部门之间哪可能分得那么清晰。部门本我意识过强，或者因为对另一个部门负责人“看不顺眼”，就故意刁难，这是多么的自私自利！

每个人的一生认识不了多少人，一般能叫出名字的也就千人左右。如此的“小圈子”，都不互相珍惜，多么可叹！何必非要给他人带来那么多的麻烦？狭小的心胸和视野，如何能让事业顺利，再攀高峰呢？

同事之间，遇到好的就争抢，遇到不好的就推诿。**好处都是自己的，不好的都是别人的，天下哪有那么好的事情？事情很难完全公平，总会有人多承担，有人少承担，那既然如此，为什么多承担的部分就不能落到自己头上呢？**

一家企业管理机构庞大，部门职能交织在一起，剪不断，理还乱。同一个客户可能有 5 个销售平行部门服务，这些平行部门还派生出各自的职能岗位，浪费公司不少的人力和财力。好在该公司的产品利润率很高，才养活了那么大的臃肿机构。企业的老板一直喊着公司不赚钱，如此多的人员，纵然天天加班到晚上 11 点，那么低的组织效能、人员效率，内耗就占去了不少，还能有多少净利润？

人的潜能是很大的，很多都没有完全发挥出来，关键是“心”的转变，一念想通，企业内耗减少，不但提升了自己的幸福感，还为企业带来相当可观的利润。

❷ 一“笑”泯恩仇

财物轻　怨何生　言语忍　忿自泯

【原文解释】把钱财看轻、看淡，怨恨就无从生起；言语上能够包容忍让，不必要的冲突和怨恨就自然消除了。

同事之间，把钱财看得淡一些，很多的烦恼和怨恨都会自然消除。财物总额就那么多，你多一点他少一点，差不多就行了，哪有绝对的公平。

现在一切好像都围绕着钱转。有一个调查，用财产衡量成功方面，中国最高，占比71%，是世界平均水平的两倍多。企业与员工的关系，也越来越是赤裸裸的“金钱”关系，这样的企业往往缺少凝聚力，员工流失率高。

员工为了工资、奖金也会产生不快：自己得到少了，怨天尤人；得到多了，认为还有更高的，总是难有满足的时候。其实，在一家企业里，又能相差多少呢？如此的结果，在领导看来肯定有它合理的理由。

只是每个人都喜欢站在自己的角度考虑问题，出现不公平感也属于正常，因为每个人都会把自己做的事情无意识地放大，而把别人做的事情无意识地缩小。

把钱财看得重的人，最终能多得吗？问下自己，遇到那些看着钱财就两眼发直的人，你认同吗？如果不认同，短暂的小人得志，也肯定不会持久。

退一步海阔天空。有些本来是芝麻蒜皮的事情，你不忍我不让，于是矛盾激化，越来越过分。网上搜索“因小事争执杀人”，会发现很多此类事件。如果能懂得“言语忍”的道理，还能造成如此严重的后果吗？

两个员工吵架，总有一个先停止的，先停止的就是智者。**一个巴掌拍不响，两个人争执，在外人看来，两人肯定都脱不了干系，但当局者总认为是对方的责任，或者对方责任大些。那到底谁更大，其实都差不多。**即使非要找他人评理诉说，别人也没有那么多时间了解一些细枝末节。也许在他人看来，都不是尽善尽美。否则，争执何来？

一次，有人与孔子的弟子为了一年有几季争执了起来。两人谁也说服不了谁，最后那人提议让孔子判定谁是对的。孔子了解事情原委后，说一年只有三季。那人高兴地走了，留下孔子的弟子在那里发呆。弟子疑惑问其故，孔子说，那人只知有三季，你与他争四季会有结果吗？与这种不明事理的人争执有意义吗？

③ 长幼有序，提升素养

或饮食　或坐走　长者先　幼者后

【原文解释】不论是用餐时，还是就座、行走的时候，我们都要按照规矩，让年龄和辈分较大的人走在前面，年龄和辈分较小的人走在后面。

大家一起吃饭时，年长的或职位高者不动筷子时，自己就不要先吃，否则让人感觉太贪吃了；平时在行走、进出电梯、客户握手、就座等方面都要注意长者在先的细节和礼节。**“长者先”是对年长者表示尊重的一种方式，有了这些基本的礼节，才能显示出良好的素养，才能受到他人的欢迎和喜爱，有更好的人缘。**

如果反其道而行之，一切都是年轻人在先，就像管家伺候少爷，看上去总会觉得有些不舒服，显得气场不顺，也就是“德不配位”！

一个15岁的孩子，暑假时参加父亲的一个会议，一路上孩子都神色焦虑。晚上，父亲问孩子怎么回事，孩子说出了心里的不安：“早上出门，乘飞机，坐头等舱；下飞机，大奔驰接；住宾馆，总统套房。老师说，德不配位，必有灾殃。”父亲一时无语，孩子又补充道：“您日夜劳顿奔波，叔叔阿姨这样款待您，可以坦然接受；我只是个学生，还没有做过什么贡献，享受这样的待遇，德不配位啊！”父亲听到孩子这样说后，非常高兴儿子这么懂事。

当前环境过分突出个性，什么“我有我的要求”，但别忘了“我的地盘听我的”，要求不违背他人的利益。社会的五伦关系：君臣（领导下属）、父子、夫妇、兄弟、朋友，必须要处理好，各就各位，社会才有序。

过分释放自我造成的乱象有：大街上，车随意变道、加塞插队，在没有交警、没有探头时，红绿灯、斑马线、双黄线都好像不存在；需要排队时，如无人监管，总有一些不守受规矩者；地铁、公交车上，抢座的都是腿脚敏捷者，哪里会想“长者先、幼者后”？我们恍惚又回到了弱肉强食的史前文明，只是看到了周边的现代化设施，才知道我们处在科技高度发达的当代。

企业里，下属觉得上司人品、能力等有问题，不值得尊重；上司觉得下属自以为是，目中无人。这在很多企业里都会遇到，只是轻重的问题。这很值得深思，难道没有解开这个结的办法？**下属就不能提升素养，尊重自己的上司？上司不要动辄就摆出领导的架子，德行要更高才能与这个职位相配，要反思下属为什么不尊重自己。反思自身，还怎么会有那么多的矛盾呢？**

社会文明的不断进步就是逐步建立和谐有序的环境，**礼仪规范如果大家都不遵守，就会造成乱象多多、矛盾重重，不但影响他人，最终更会影响自己！**

④ 常做举手之劳

长呼人　即代叫　人不在　己即到

【原文解释】长辈有事呼唤别人，我们应该立刻代为传唤和转告；如果那个人不在，自己应该主动去询问什么事，可以帮忙就帮忙，不能帮忙时则应该代为转告。

这句告诉我们，要多主动并力所能及地帮助他人。今天你顺便帮了我，明天我也会帮助你，同事互帮互助关系才融洽。这些事情，千万别拿员工岗位职责来对照，岗位职责只是员工岗位的基本要求而已。

帮长者传个话，顺手帮做一些力所能及的事情，耽误不了自己什么事情，这不是被人呼来唤去，而是一种素养。现在人花时间在 QQ、微信上，却忽视了身边的人和事。**现实是：人的物理距离很近，但心里的距离很远。网络上点 100 个赞，不如给现实遇到困难的人一个小小的帮助。最好能把“顺手帮助”养成一种习惯。**

公司内部的很多沟通障碍，原因就是不能主动为别人提供一些帮助，哪怕只是举手之劳。我们观察到，身边喜欢帮助别人做些小事情的人，我们心里总会很喜欢他；而那些要他做点事情，条件一大堆的人，我们习惯敬而远之。以人为镜，自己想在别人心目中留下什么印象，应该如何做就自然明了。

科技的发展、网络的普及，改变了人们的生活方式，创造了很多小单元的个体。结果，我们变得越来越冷漠。

一次与同事交谈，提及国内交通事故死亡率较高时，他说：“反正中国人多，多死几个没事。”我对此回答顿感无比惊讶。这些假设条件都是发生在别人的身上，如果不幸的事件是自己身边人或者自己呢？

人的内心走向封闭，人就变得越来越现实。**看似满腔热火的“友谊”，其实附加了一定的条件，那就是能够为自己带来利益，如果没有这些潜在的目的，“友谊”又算什么？**

能量是守恒的，顺手帮助别人的“正能量”早晚也会转移到自己身上。回避一些帮助同事的机会，有一天会知道“得道多助，失道寡助”的切实含义。**不要等到“喊天天不应”时，抱怨同事冷漠、他人自私，要反思自己对同仁都做了些什么，想想自己是否助推了这种趋势？**

⑤ 称呼体现恭敬心

称尊长　勿呼名　对尊长　勿见能

【原文解释】称呼尊者长辈时，要有礼貌，不可以直呼姓名；在尊长面前，谦虚谨慎，不可故意夸耀自己的才能。

传统文化中称谓的使用十分讲究，不同身份、不同场合、不同情况，都有细致入微的区分。称呼也是一种礼仪，我们对他人的称呼要就高不就低，这不是故意吹捧对方，而是出于尊敬的心态。

对于长者，特别要注意的是，不仅当面不称呼名，背后和人沟通交流提及时也是如此，这才是真正的尊敬。年轻的领导在管理年龄明显大于自己的下属时，称呼也要特别注意，可以称呼职位，或者“老+姓”，或者老师，对长者直接称呼姓名显得有些无礼。

称呼问题不是小事，所谓“名不正则言不顺，言不顺则事不成”。广东纪委发出要求，党政机关工作人员之间一律不准使用“老板”、“老大”等庸俗化、江湖化称呼。称呼是思想、态度、关系的折射，代表了一种身份认同，不是一件小事情。在企业同事之间的称呼，一般加上职位头衔，不清楚职位的，用先生或者女士。悲哀的是，一些礼貌的称呼，如“小姐”、“同志”、“老师”等也被赋予了某种庸俗的含义，尽显对称呼礼仪的滑坡。

有人认为外企好，人人平等，可以喊其名。直接称呼一个人名就平等了？看看国人与非国人同岗位的待遇差异就知道是否真公平了；当突然被解聘时，就知道是否平等了；当都是金钱关系，没有一点人情味时，就明白什么是平等了。一个看似可以喊其名的“平等待遇”，隐藏了多少的不平等？

有的父母倡导孩子直呼其名，与孩子是哥们，说这是平等。呼呼，如此教育，孩子的平等心或许有了，恭敬心如何树立呢？**缺少恭敬心，以后教育出来的还不是一个狂妄自大的家伙？有恭敬才能平等，没有对别人的恭敬心，怎么可能对他人真正的平等？**

在尊长面前，要谦虚谨慎，不要故意夸耀自己的才能。不是不可展示，而是不要炫耀。即使需要表现时，也要谦卑，而不是目中无人，否则遇到“真人不露相”的，班门弄斧，那自己会很尴尬。

春秋战国时期，有个富家公子叫温如春，非常爱好琴艺。有一次，他在路上看到一位身背古琴的道人，连忙上前询问道长是否会弹琴。他急于卖弄自己的琴艺，未等道人说什么，他就弹了几曲。道人只是微微笑了笑，一句话也没有说。温如春问道人为何一言不发，“难道是我弹得不够好吗？那就让我见识一下您的水平吧！”道人接过琴，只轻抚了几下，其音便如流水匆匆，又如晚风轻佛。温如春自愧不如，连忙行大礼，拜道人为师。

对待人的关键是自己的内心不能有傲气，此为大不敬。**一个没有恭敬心的人，学会了再多的知识和技能，只能助长其贡高我慢之心，对其幸福和成功没有任何帮助。所谓一分恭敬得一分利益，十分恭敬得十分利益。**

6 你用真心了吗

路遇长　疾趋揖　长无言　退恭立

【原文解释】路上遇见长辈，我们要赶紧上前恭敬问好；如果长辈

没有说话时，应退后恭敬站在一边，直到长辈离开。

我们见到领导、客户或长者时，应该热情地快步上前问候，这是恭敬。如果看到领导或客户来了，仍然大摇大摆、慢腾腾地走上去，就会被对方视为不礼貌、傲慢。谦虚、恭敬的人，才能得到大家的欣赏。

有些员工看见别人遇到领导时上前问好，认为是讨好领导，拍领导马屁，讽刺别人像孙子。其实，**尊卑有别，长幼有序，见到尊长赶紧上前问候，这是再正常不过的礼节，怎么反而受到嘲笑呢？这是因为他们自身高傲、无礼。**就像一些人遇到灾情不捐款，别人捐款多时还说是作秀！

有些销售人员不知道如何和客户打交道，看到别人与客户沟通时游刃有余，很羡慕。其实，学会跟人打交道很简单，应先从主动、热情地打招呼开始。礼貌和热情是基本条件。**和客户打招呼时，内心要真诚，要“目中有人”。“目中无人”时，有礼也是虚礼，客户也不领情，内心的恭敬、谦虚才是最重要的。**当然，如果没有这些动作也不行，需要通过这些形式和行为把内心的想法和态度展示出来。

笔者给销售人员、经销商培训时，特别强调用心，用“真心”，而不是只看到虚假的形式。现在很多销售门店，一进去店员喊着“欢迎光临”，但表情麻木，手中还做着其他的事情，甚至看都不看你一眼，这样的“欢迎光临”有何意义？如果双眼看着对方，点头微笑示意：“欢迎光临！”这样顾客感受到的肯定不一样。有时顾客还会回复一句，谢谢！如果顾客回复了，才说明喊到了顾客的心坎里。

学习中国传统文化，并不是要求别人如何做到，而是自己要用心实践，感受其中的魅力。

7 你这样对客户了吗

骑下马　乘下车　过犹待　百步余

【原文解释】骑马或乘车，遇见长辈时，应下马或下车问候；等到长者过去后，还要等待着，直到长辈离开百步之远，方可续行。

交通条件的变化，改变不了我们对待长者的尊敬和礼节。马车已经被汽车所取代，我们要注意帮助长者开车门，然后待其坐好之后，再轻轻地把车门关上。长辈要下车的时候，要先去开车门，照顾其安全下车。

这个“过犹待，百步余”，我们可以衍生成什么呢？送宾的礼仪。我们在机场、车站送别时，要注意目送到不见人影，挥挥手再离开。坐电梯时，等到电梯关门后再离开，或者坐电梯送下去再回来。没有电梯，送到楼梯口，客人消失在视线后，再返回。

如果我们把客人送到门口，说声再见，然后就把门“咣”关起来，估计这个客人心都凉了一半。没有至诚的尊重和服务，凭什么能够得到客户的认可和机会呢？**送客人，就是要让客人感受到尊重，宾至如归。在目送长者或客人的过程中，我们脑海中浮现与其在一起的点点滴滴，这个时间越长，越让人珍惜这段缘。**

一位朋友跟笔者讲起某品牌汽车的销售服务时感慨万千。他说去了几家汽车4S店，准备买辆新车。因为是初次到品牌店里，服务人员的接待一般都是不痛不痒的，没有多少介绍和引荐。但到了这家汽车4S店时，接待很热情，在他离开时，一直送到门外。让他更想不到的是，开车快要离开这家店时，从后视镜看到，接待人员还是毕恭毕敬地站在那里目送，他感动得眼泪差点掉下来。虽然当初他并没有打算买这个品牌的汽车，但后来改变了主意，最终在这家店买了车。

很多人也知道要把客户服务好，但每天面对那么多客户，一般都是看看不买的，何必用心对待？或者认为客户很多，多一个少一个，没什么影响！确实，一两个客户无足轻重，但只要自己的服务方式没有改变，就会失少成多。**为什么人与人的销售业绩有所差别？除了幸运因素之外，关键还是在细节和用心上，成交概率大了，差异就体现出来了。**

礼节可以让人与人之间相处得舒适、和谐。学习礼节不能急功近利，不能做了一点事情就想立即有回报；也不能从“挣不挣钱”、“容易不容易”等角度来思考。礼节能培养出一个人的耐心、细心、恭敬之心，久之能获得客户、长者、同事等更多的尊重。

❽ 站与坐的礼节

长者立　幼勿坐　长者坐　命乃坐

【原文解释】当长辈站着的时候，晚辈不可先行就座；等长辈坐下来之后，吩咐坐下的时候，我们才可以坐下来。

在公司会议、聚会、就餐、迎宾时，当来了客人或长者的时候，一定要起立，然后让长者先坐。最高领导坐下后，示意大家也坐下，这时候再坐，就是合礼的了。

古人讲“恭敬不如从命”，什么是恭敬？随顺长辈就是恭敬。这种礼节大家都很熟知，只是在现实生活中，很多人容易忘掉。

公交车上，不给老、弱、病、残、孕让座的事情司空见惯，甚至还不时有大打出手的新闻报道。最基本的尊重他人都很难从内心建立起来的人，还能指望他干什么？**很多人只看到上升期、得势时的光彩，却不关注处于衰退期、失势时的状态，每个人都逃脱不了生命的规律，年轻时不注意德行，年长时总会有相应的果报。**

玄奘是唐代著名高僧。他从小就非常尊敬长辈，八岁时，一次父亲给他讲解《孝经》：“曾子听老师讲书时，总是恭恭敬敬地站着，老师让他坐下来听讲，他说站着听讲是对老师的尊敬。”这时，父亲抬头一看，发现玄檠已经离开了原来的座位，站到旁边了。父亲叫他坐下来听讲，他却说：“曾子听老师讲书时都是站着，我听父亲讲书又怎么敢坐着听呢？”

有些人非常反感等级制，觉得框框太多。其实这不是划分等级，而是强调长幼有序，给予较高角色的尊重，是对长者的谦卑。**易经六十四卦，除了“谦卦”外，每一卦都有一个或几个阶段的不顺和需要小心之处，唯有“谦卦”，则是每个阶段都较顺利。这里有没有给我们一些启示呢？**

如果角色颠倒：下属坐在大办公室，上司挤在一个小房间；参加聚会时，同事们在一起，来了领导或客人也不起身相迎……这会成什么样？

没有传统文化的熏陶，我们找不到生活的方向，只能靠金钱的炫耀和攀比，来展示自己貌似体面和受人尊敬的生活。我们很少考虑对社会和企业所应承担的责任和义务，缺少了爱心，就会肆无忌惮地破坏环境、掠夺资源，社会变得没有安全感。

传统文化的丢失，让我们没了自信，觉得中国什么都是不好的，精神空虚。相反，在韩国、日本、新加坡、中国台湾等地中华传统文化大放光彩。

9
用“声音”提升沟通能力

尊长前　声要低　低不闻　却非宜

【原文解释】在尊长面前说话，不可大声喧哗，声音要柔和适中；如果说话声音太低而听不清楚，也是不合适的。

在长者或者领导面前，讲话音量要放低一点；如果很小声，支支吾吾，很紧张，也是不对的。我们与他人沟通时，要落落大方，仪态自然，这样才能取得较好的沟通效果。

有些人在跟领导、客户、长者、同事等交流时，容易犯两个毛病：要么夸夸其谈，要么唯唯诺诺。实际上，这两种方式都不妥当。

与领导或客户沟通时，夸夸其谈的样子总让人觉得俗不可耐。**千万不要认为大声是豪爽的表现，大声显得喧宾夺主，不尊重对方；过大的声音会干扰周边的人，引起他人的侧目或不快，是不礼貌的行为。**公众场合听到很大声音的电话铃声，我们的目光都会投过去，这就说明大声已经干扰到周边的人。

害怕与他人沟通，说话唯唯诺诺也不可取，特别表现在客户谈判、会议宣讲或向领导汇报时。声音低得让客户听不清，会使人着急，如果让客户不得不说："麻烦你再说一遍，我没听清。"这样如何能与客户沟通好呢？

会议宣讲，人容易紧张，在众目睽睽之下，本来清晰的思路可能变得头脑一片空白，不知所云。想象别人在公众场合讲话，我们也并没有对其关注那么多，只是听着而已，所以没有必要特别在意别人的眼光。事前多准备、多演练，就可慢慢调整自己在公众场合的语气、语调，以及意思的准确表达，不断提升自信。

向领导汇报时，要从容应对，不卑不亢。领导也希望多交流，下属多汇报更容易把握事情的进展，更好地推进工作。同时，向领导汇报也是展现自我能力的机会，多从领导那里碰撞出思想的火花。被提拔快的也是与领导沟通得多的下属，这不能怪领导偏心。领导需要了解每个下属的能力，多从容沟通就是能力的体现之一。**平时根本不愿意表达的，一般都会被理解为“没有能力”**。表达观点需要克服不敢说、唯唯诺诺、怕出错的心态，越是这样想，越是出错多。所以，如果与领导沟通有担忧时，一定要多准备，梳理清楚关键点，打好腹稿，或者把关键事项一条条的提前写在记录本上。

声音的把控是内心态度和自信的流露。你是谦卑的、傲慢的，还是真诚的、狡黠的，都会从语气当中流露出来。

⑩ 诚于中，形于外

进必趋　退必迟　问起对　视勿移

【原文解释】上前见长辈时，应快步向前，以示礼貌；退下去的时候，动作一定要庄重、缓慢。长辈问我们话时，一定要站起来，恭敬地回答，双眼要注视着长辈，不可以东张西望、心不在焉。

人们碰到激动、欢喜的事情，总是想快速走向前；碰到恋恋不舍的情况，离开的脚步总是沉重，慢吞吞的。所以，我们应该做到“进必趋，退必迟”，相反就不符合礼节了。没有了礼节，各种各样想不到的矛盾就呈现了出来。

所以，见到长者，我们要马上快步走上前，离开时，要慢慢地退。我们向客户告辞的时候，如果眨眼之间就不见了踪影，客户会觉得没有面子，或者很不受欢迎，那么急于离开，会让客户怅然若失。

礼节不是教我们去演戏，表演出对他人的尊敬，以换取对方对自己的回报。**它是要我们发自真心的，多站在对方的角度思考问题，多想他人长处、值得尊敬的地方。这样思维、行为、语言合一，自然天性就合乎礼仪。**

上司问我们事情，如果这时候是坐着的，赶紧要站起来回答。回答的时候眼神要安定，要有恭敬之心，视线望着两眼和鼻子之间构成的“三角区”（若盯着眼睛看不能超过三秒，直勾勾地盯着对方的眼睛，那是挑战）；眼神不要漂移不定，左顾右盼，否则给人的感觉就是心不在焉，或者心怀鬼胎；若眼皮耷拉着，那代表恐惧或漠视，给上司的感觉就是不服气。即使受到上司批评时，也要“视勿疑”，这样表示自己诚恳地接受上司的批评和责备。

眼神定就代表心定，心定下来时心就正，回答问题也就正。如果平时私心多，常常心存诡异，在大众之中就会心神不安。所以**平时要有良好的修养，修真诚心、恭敬心，在企业里对得起领导、同仁、客户。**

古人讲“诚于中，形于外”，指表里一致，内心真诚恭敬，自然言语态度就成熟稳重，气质高雅。眼睛是心灵的窗户，我们的谦卑、恭敬之心会通过我们的眼睛传递给对方，并且是一览无余的！

⑪ 关心同事工作以外的生活

事诸父　如事父　事诸兄　如事兄

【原文解释】对待叔叔、伯伯等尊长，要如同对待自己的父亲一样恭敬；对待同族的兄长，也要像对待自己兄长一样友爱尊敬。

在企业中，对待同仁的父亲，要像对待自己的父亲一样；对待同仁的兄长，要像对待自己的兄长一样。把别人的事情看作自己的事情，需要很大的心量，这对企业领导层来说特别具有启发意义，想员工之所想，对员工的关怀也不能仅仅停留在工作上。

以前国有企业，员工一待是一辈子，彼此都知根知底，甚至单位集资房也都是在一起的。现在人口流动大，员工更换企业非常频繁，刚工作时一两年一换，在一家企业工作三五年算是长的了。同事具体住在哪里，根本不清楚，平时不见面，只有上班时才能聚在一起。同事聚会，都是在餐馆酒店，也不会到同事家里，对同事家庭的了解少之又少，好像这些都成了私事。**员工工作之外的“零接触”，必然导致心灵的难以交流，同事之间变得冷漠，这些造成了员工流失率高、员工难以管理。**

同事之间的结婚、生子等事情也很少参与，在这家企业里还不知能做多久呢，如果把“份子”钱都出了，以后失去联系不就亏了吗？这是多么狭隘的思想。

有些公司比较关注与员工家庭的沟通，创造更多的工作外的交集。有的公司专门设置一项奖励，在春节时把奖金或者感谢信邮寄到员工家里；有的会组织员工和家庭成员的聚会，把员工背后的家庭“曝光”于公司同仁之间。

事实证明，与员工家庭成员接触和交流越多，员工的工作氛围就会变得越融洽，工作效率有很大地提升，企业员工的稳定性也会大为提高。

凡事总有因果，要想别人怎样对待自己，就先要自己怎样对待别人。付出，总有回报，这是自然的法则，只是付出并不一定以自己所期待的方式获得回报。也许你付出的那个对象不一定回报你，但你的作法会感动其他的“旁观者”。**我们的心境应该是，只去做正确的“因”，而不要执着何时因此而产生了“果”。没有付出，梦想着很多的回报，那样的场景也只能是“梦想”，现实中是不可能的。**

第四章
谨

《弟子规·谨》是分叙的第三部分，主要是教育人们养成良好的日常行为习惯，在日常的点滴中培养细心、耐心，成为一个有素养的人。在“谨”这一章中主要讲的是“谨行”，着重于从生活细节方面、从举手投足之间，如何养成良好的个人修养，练就沉稳的性格，这样做事也就会踏实而稳健。

在企业里，这部分可以作为员工日常行为规范的借鉴，提醒企业员工要注意日常行为细节，自觉遵守企业制度，做一个基本素质较高的员工。

实现成功的方法没有多少捷径，其实关键就是把每一件小事情做好，最终成就大的事业。人与人之间的差异一般也是在一些细节和简单的小事情上。成功并没有那么复杂，做好别人没做到或者忽视的细节和礼仪，你就赢了。

这些《弟子规》中提到的要求，企业管理者也可以根据自身企业的实际，作为企业管理制度的一些借鉴。企业可以在坚持正确的方向上，规划落实一些具体的细节和要求。

华为坚持把客户服务做到透，这就是它胜出的关键之一。“脑袋要对着客户，屁股要对着领导。”这是任正非反复不断重复说的话，他明文禁止上司接受下属招待，就连开车到机场接机都会被他痛骂一顿：“客户才是衣食父母，应该把时间力气放在客户身上！”

实践了这些生活、工作中的行为规范，我们就会感觉到同事、客户间越来越和谐，因为自己的进步“转化”了自己的环境和气场，使得周边环境越来越积极向上。

❶ 养成良好的作息习惯

朝起早　夜眠迟　老易至　惜此时

【原文解释】清晨，我们要早早地起床，而晚上要晚一点再睡觉。人的一生短暂得很，一转眼就老了，所以我们要珍惜现在的每一寸光阴，一点儿都不能浪费。

有些企业之所以能够快速发展，是靠更多的时间投入换来的，是员工辛苦熬出来的。年轻时，应该多努力，这没错，但一定要懂得保养身体，否则年老时就要用钱买健康。

如果努力工作和养生兼顾，时间应该如何安排呢？**不按照人体生物钟作息，容易积累“内伤”，引发疾病，这也是现代人生病的频率高的原因之一。**

《黄帝内经》记载的十二经络运行规律，给那些“夜猫子”们一些提醒：

子时（23－1点），血气流注于胆，需要休息，熬夜会致胆火上逆，引发失眠、头痛等；

丑时（1－3点），血气流注于肝，宜在精神愉快下入眠，以免过度压抑致气血不畅；

寅时（3－5点），血气流注于肺；

卯时（5－7点），血气流注于大肠，此时最适宜方便；

辰时（7－9点），血气流注于胃，胃肠消化吸收最强，宜早餐。

对照一下，是不是现在我们作息时间与此错乱？对于那些工作压力大，需要挤占时间的怎么办呢？从上面可以看出，晚上11点前一定要休息，要挤出时间可早上6点左右就起床，把早上的时间用足。而且还要提醒的是，早饭一定要吃好。

如果说为了工作熬夜透支了身体还能谅解的话，那么一些自我“个性释放”熬夜而生病的人就属于自作自受了。这些人夜聊、玩游戏、泡酒吧、逛夜店，尽情释放着自己的个性和欲望。这是一个令人狂欢的时代，可以看出没有信仰的可怕。

信仰并不是指非要相信佛教、基督教等，而是自我设置一个最低的道德底线和价值标准，比如不损人利己、遵守公序良俗、孝敬父母等。很多人不断突破自我的道德底线，随波逐流，不知道自己为什么要活着，也不知道自己的责任是什么。有些人甚至在痛苦来临时也不知醒悟，还认为是自己的命不好！其实看看自己为这个社会和身边的人到底带来了什么，就知道有一天会是什么结果。

人是自然中的一部分，就要遵从自然的规律，一些生活不规律的人或有特殊嗜好的人，往往没有什么好的身体，难有善终。

“老易至，惜此时。”珍惜当下！

❷ 保持良好的卫生习惯

晨必盥　兼漱口　便溺回　辄净手

【原文解释】早晨起床之后，一定要洗脸、刷牙、漱口；大小便之后，必须马上把手洗干净。

在当今物质极大丰富的背景下，在相关企业不遗余力地“教育”下，这些“洗脸漱口”的基本习惯，那是遵守得非常好，洗脸、刷牙每天至少两次。

这些要求，目的是要我们身体洁净，不要给人留下不好的印象。一些涉及自我形象的细节，要日常留意：熬夜、劳累的人，眼角容易产生眼屎；平时喜欢抠鼻子的人，在公众场合特别要小心；吃饭要注意漱口，不仅仅为了口腔清洁，还为去除遗留唇齿之间的“残羹冷炙”。

在一次行业论坛会议上，主持人引导五位嘉宾就一个话题展开讨论，全程摄像。其中有位嘉宾就一个话题侃侃而谈，从观众台上看去，这位嘉宾面部好像有些不对劲。仔细一看，可能由于说话比较多的缘故，他的嘴角两侧产生了白色泡沫，看上去很碍眼。估计这位嘉宾回去看自己的发言录像，会发现自己的问题，在公众场合，真的要特别小心。

这些只是自己“出丑”，并没有给他人造成多少不快，但如果是自身产生一些异味的话，那就直接影响到他人了。

嗜烟的人口腔会散发异味，近距离交流时就容易闻到。香烟的气味对于喜爱它的人来说很好闻，对于不抽烟的人来说，就没有那么美好，特别是经过在口腔沉淀、发酵之后。

在客户拜访和沟通时，要注意用茶水、口香糖清洁口腔，注意保持一定的谈话距离。如果客户看到销售人员形象随意、不修边幅、烟雾缭绕，第一印象就不会好。**不让客户讨厌自己，是能够持续沟通和可能合作的基础。有些习惯由不得自己，该忍还是要忍。**

❸ 衣着整齐折射身心正

冠必正　纽必结　袜与履　俱紧切

【原文解释】我们穿戴仪容要整洁，帽子要戴正，衣服纽扣要扣好；袜子、鞋子要穿好，鞋带应系紧。

仪容是内心的折射，如果一个人邋邋遢遢、衣着不整，我们可以知道这个人的心一定不正。**仪容是自己内心外在的表象，如果我们的心是正的，**

那自然我们的衣着、仪容就会正。这些都是“谨”，**生活当中都要谨慎，养成恭敬、真诚的心，表现出来自然就端庄大方。**我们出门或在公众场合亮相前一定要照一下镜子，看看衣服是不是都整齐、整洁。

假如衣着很随便、散漫，衣服敞开几颗纽扣，裤子上有几个破洞，给别人第一个印象就不会好。衣着暴露者，自认为吸引的都是羡慕的眼光，但更多还是轻视和不屑的眼神，甚至受到别人的轻慢、骚扰，因为自身的衣着已经给别人如此的暗示，所以只有自重，而后才能赢得别人的尊重。

在古代，君子还注重“正冠而死”，也有因“冠必正，纽必结”而免于一死的真实案例。

春秋时，晋国的一个大臣叫赵宣子，他经常去劝诫晋灵公。晋灵公比较无道，后来就觉得不耐烦，就派遣武艺高强的鉏麑去刺杀他。一天黎明前，鉏麑潜入了赵宣子家的大院，摸到了他的房间，发现门已经大开了。由于上朝时间还早，看到赵宣子坐着闭目养神，但是已经穿得整整齐齐，非常的恭敬。赵宣子的那种威仪，让鉏麑非常感动和震惊，心生崇敬，于是就放弃了杀害赵宣子的想法。但知道不杀，又失信于晋灵公，于是就一头撞死在门口的槐树下。

赵宣子的着装与恭敬让他逃过一劫，我们企业的员工呢？抱怨客户不好沟通、客户不好打交道，我们是不是应该反问下自己，我们对客户有恭敬之心吗？**对客户的恭敬心，反映在一点一滴的细节上，反映在着装和言语中，反映在我们的态度上。**

美国销售专家乔·吉拉德，即使在家给客户打电话时，也穿上西装打上领带。他讲话的时候，好像客户就在他面前一样，在电话这边也是非常恭敬地点头称是。通完电话后，他才把衣服领带脱掉。他的太太很惊讶："你是不是发疯了？怎么为打一个电话还要西装革履？"他说："当我穿得很正式的时候，我的内心对客户会非常地尊重，对方一定会在电话那边能感受到我对他的恭敬心，这样会加深客户跟我之间的友情。"

外在形式是仪容礼仪，通过礼仪能够增加我们对他人的尊重；内心是更重要的，只有外在的表象，没有内心的恭敬，礼仪也坚持了不多久。

④ 把物品放在固定的位置

置冠服　有定位　勿乱顿　致污秽

【原文解释】放置衣服、帽子鞋袜等衣物的时候，要把它们放到固定的、该放的位置；衣物不可乱丢乱放，不然很容易会被弄脏、弄乱。

在现实生活中，经常看到有些人在穿着方面闹出的笑话：纽扣扣错位的、衣服穿反的、裤子拉锁忘记拉上的、袜子不同双的……这些在生活上所引起的尴尬只是小事情，但养成良好的生活习惯，对自己来说会产生很大的影响。

养成把东西放在固定或该放的位置的习惯，方便下次的拿取。常出差的人都知道，出门不要忘记“伸（身）手要（钥）钱”，把身份证、手机、钥匙、钱包等放在固定的位置，就很容易知道有无缺失。**从表面上看，把衣物、物品放到其该放的地方是件小事，背后喻含着做人修身的深意。**很难想象一个不注意“物置其位”的人，会将工作安排周全。网络上的个性测试游戏，就是通过人们对待日常的一些小事情，来推测出其他方面的行为。

“物置其位”也是我们对行为规范的要求。对个人来说，要遵守道德准则，懂得一件事情该怎么做。对企业来说，要建立企业员工行为的规范，规定什么事情能做、什么事情不能做，做的方式、方法。**企业的低效率很多是因为员工没有很好地进行“定位”，每天看似事情很多，实际上是无效率管理，无秩序造成企业人、财、物的内耗。**

企业的每个链条上，都要求有章可依、有条不紊，就像钟表每个部件都按规则运行才能走出精确的时间。企业制度所有的员工都必须遵守，领导更应该如此。**上司的“模范带头”作用，会给员工树立起榜样。**特别是中小型、制度建设不全的企业，在开始规范企业、推进制度化进程时，要特别注意。

5
衣着关键是得体

衣贵洁　不贵华　上循份　下称家

【原文解释】衣服注重的是干净、整洁，不要讲究昂贵、华丽；拜见长辈时，要根据自己的身份、地位来选择所穿的衣服，平时穿衣要和自己的家境相称。

在当前，衣服远远超越了其遮身保暖的基本功能，已成为追逐时尚和个性的工具。

时尚，顾名思义，它是在一段时间内所崇尚的事物，所以时尚只是暂时的。保持基本的时尚，让自己不至于显得过于老套，这是“可以有”的态度。但有些人穿着过于追求时尚，为了让别人多看几眼或者增加“回头率”，这就成了另外一种心态。仔细想想，**别人回头多看你一眼，别人羡慕你，对自己来说又怎么样呢，除了虚荣之外又能得到什么？**

“撞衫”这个词是当今时代的产物，不知道什么时候发明出了这样一个词语。撞衫者说明有共同的眼光，本可以成为志同道合的朋友，但商家为了尽可能地销售其产品，却绞尽脑汁将其打造成一个负面的词。

有一个“撞衫”广告，女主人公本来很高兴的，迎头发现一个和她着装一样的人，于是就变得沮丧和生气。这个广告的创意，非要把女人描述成醋坛子和容易产生恨意的人，引导观众什么心理呢？还有一些人，针对明星的穿着，即使不在同一时间的“撞衫”，也煞费苦心地找出来，挖掘这样“新闻点”，有意义吗？甚至还有针对小孩子不要“撞衫”的广告，对孩子如此暗示，不知道居心何在？

服装的功能还在不断深化和演绎，那就是奢华和炫耀，赚足“面子”。**现在“面子”消费特别多，甚至可以说，在产品基本功能之外的费用，都是为了“面子”。奢华衣服的炫耀，会引导心态不良之人的攀比和嫉妒，所带来的负面影响随之而来。**

现在很多企业采用工作服，比较值得赞叹。这在展示公司形象的同时，一定程度上也减少了员工之间衣着的攀比，减少的是花花绿绿的服装，增加的是团队的向心力，提升企业运营效率，一举多得。

穿衣重在整洁和得体，要在合适的场合穿适当的衣服，以符合自己的身份。自己是主角，那就穿得精致一点，如果不是主角，就不可喧宾夺主。

有一次拜访客户，对方首先与下属握手，并与下属一起并肩前行，把上司晾在一边。后来下属提醒说，旁边这位是自己的领导，客户这才“恍然大悟”，原来以貌取人了，是下属穿着太像领导才造成的失礼。

平时着装代表的是一种个性，交际场合体现的是一种身份。衣服穿着要量力而行，不追求奢华，衣着得体，才是正解。

⑥ 吃得健康，拒绝做吃货

对饮食　勿拣择　食适可　勿过则

【原文解释】对待饮食，不要挑食偏食，不要挑三拣四；要在适当的时候吃饭，而且饮食适量，不要太过放纵，不要暴饮暴食。

“早上吃好，中午吃饱，晚上吃少”，我们很早就接受过这样的教育，这对身体的健康是很有道理的。现在晚餐变成了主餐，甚至还有夜宵伺候，哪里还能“晚上吃少”？

健康的饮食强调适量和食品的多样性，加工层级越少的，越接近天然属性，这样才越健康。很多人都以为广西巴马长寿村的秘诀是那里的气候和水，其实还有当地人的粗茶淡饭。现在，我们完全抛弃了健康的饮食准则。

有些人发出“要对自己好点”的宣言，认为对自己好，就是吃好、穿好、玩好。这是多么大的误区！怎么样才是对自己好？应该是健康的身体、快乐的心态。**吃了那么多，食物只管往自己肚子里扒，并没有考虑对健康的潜在危害，吃出一堆病，那是对自己好吗？**

吃货是贪恋口福者的专有词语，他们的饮食不是为了身体成长的需要，而是为了“享受口福，品味生活”。我们现在的环境非常有喜感，当一个贬义词说得多了，再从被贬的对象嘴里说出来，那就有些自豪的味道了，逐渐演变成有些褒义了，“吃货”就是之一。吃货们经常在微信朋友圈里分享，吃得不但高大上，而且跟朋友分享，再让朋友羡慕，那更是快感加倍！

很多营销手段还是宣传这营养不能缺乏、那营养不可忽视，很少听到营养过剩会是什么后果。身体不健康的人会很多，不过千万别归结到吃的不够或营养缺乏。**医院一直人满为患，很多都是营销者们的功劳。**

在私下里，吃得怎么贪婪都算“私事”，在与客户等一起在公众场合就餐时，就要注意饮食的节奏和礼节。在餐桌上特别能够看出人的基本素养，笔者就有一个沉痛的心路历程。

很多年前，笔者与领导、同事们一起在客户处就餐。餐点得很多，很多都没有吃完，笔者不喜欢浪费，而且那次菜也比较对口味，于是当大家都停下来后，笔者还在不停地吃。领导有意无意地说一句：“你的胃口真好哦！”听到这句话，笔者顿觉得脸上火辣辣的，也许是自己吃相太难看了，也许是确实不该再吃了。从此，笔者就特别注意这些，宁愿饿一些也不会在公众场合失礼！

我们现在的一些销售人员，在与客户就餐时，还会注意到这些吗？

7 真的“感情铁，喝出血”吗

年方少　勿饮酒　饮酒醉　最为丑

【原文解释】年纪还小时，千万不能饮酒。人一旦喝醉了酒，就会丑态百出，让他人笑话。

作为企业员工，酒可以喝，但要注意量，不能过量，多喝伤身，喝醉了还让人笑话。

中国有悠久的酿酒历史和丰富的酒文化。喝酒盛行的地方，“人情味”都是比较浓的。酒是感情的催化剂，喝酒能够增加人与人之间沟通的气氛和效果。但酒喝过了，容易胡言乱语，不小心造成对他人的人身攻击，还容易胆大包天，做些出格的行为。所以，要特别注意度的把握。

酒场流行“感情铁，喝出血”，乍一看还蛮有道理，真是如此吗？**真正感情铁的，是不在乎你喝多少，在乎的是你的身体承受能力。一直劝着多喝酒，反复谈感情的，反而是那些感情并不怎么深的！**有人喊出“宁伤身体，不伤感情”，如果喝的身体都不在了，所谓的感情立足于何处呢？

喝酒只要照顾到基本的礼节和对客人的尊重就好。敬酒时，一般从辈分或职位高的开始，要敬敬一圈，“宁少一村，不少一店”，意思如果要敬别人酒，要么不喝，要喝就都要敬到。另外，千万不要没完没了敬酒，不能有让客户喝醉的想法，喝得“倒胃”，显示出尊重就可以

了。只要自己具有对客户真诚和尊重的心，自己的酒量大小与客户关系的远近不成比例。

酒场能识人，能喝不喝，客户会觉得你狡猾，城府深，难以产生信任和合作；喝醉了，会觉得你不会自我控制，办事难牢，若出丑还会让别人嘲笑。

有一位同事工作比较努力，上司对其颇有好感。一次聚会上，他心情大好，也没有多少人劝酒，结果喝得“现场直播”，直接吐在了桌子上和地上。几位同事帮他用餐巾纸、台布又擦又盖的，吃进去时，盘盘都是美味，综合在一起吐出来的就是难闻和恶心！那样子真是狼狈不堪，当时同桌的其他人再也无法吃下去饭。结果这位同事回去打的时，新买的手机也不小心忘记在出租车上，这样的“实在”也太过了点。

在企业里，容易喝醉的员工，领导是不敢重用的，一点小事情都把握不好，怎么可能承担重任！

8 注重形体礼仪

步从容　立端正　揖深圆　拜恭敬

【原文解释】走路时步伐从容稳重，不慌不忙，站立时要端正笔直；问候他人时，不论鞠躬或拱手都要真诚恭敬，不能敷衍了事。

我们走路肩要平，挺胸抬头，行走的时候不匆忙，步幅轻盈。这是对一个人威仪的要求，也就是我们现在流行说的气场。**我们的古圣先贤对行走坐卧有很好的教诲，那就是“立如松，行如风，坐如钟，卧如弓”。我们在工作、生活中，养成良好的习惯，懂得礼仪，就有了气场，有了威仪。**

我们现在的礼仪，对于站姿是：头正，双眼平视，下颌微收，颈部挺直，展肩，立腰，收腹，并膝，丁字步，双臂自然垂于身体两侧。在与客户交流时，站姿是：两脚平行打开，距离约 10 厘米左右，双手放在腿部两侧，手指稍弯曲，呈半握拳状。切勿靠墙，手插口袋或相叉于胸前。

对于走路的姿势，要求是：两眼平视前方，腰挺直，下巴微收，左右两脚的后跟尽量成一直线，两肩相平，两臂摆动自然，保持微笑。每步约一尺，速度为每秒两步，步伐轻松、矫健。不可大甩手，扭腰摆臀，左顾右盼；也不可脚蹭地面，将手插在裤兜里。

对于坐姿，要求比客户慢半拍。入座时小腿后撤一步，看椅子的位置。如果是裤装，坐下时，双手扶衣；如果是裙装，双手捋平裙子后，方可就座。坐下后，小腿与大腿呈 80 度，大腿与上身呈 90 度，要正襟危坐。

成语“鹤立鸡群”说的是三国时期魏国文学家嵇康的儿子嵇绍，很有才学，身材魁梧，仪表堂堂，小时候是在母亲的严格教育下成长起来的。他非常注意自己的行为举止，有人看到他气宇轩昂，在哪里都显得超群，恰如一只仙鹤站在鸡群里那样突出，“鹤立鸡群”就由此而来。

试想，如果我们同一位衣着整洁而且有风度的人在一起，肯定感觉很愉快，精神焕发。相反，同一个不修边幅又很俗气的人在一起，就会感到浑身不自在了。

外在行为是一个人素养的具体反映。走路稳重、站立端正，说明他具有稳重、正直的性格。拜访客户、与人问候时恭敬、谦和，说明他从内心尊重对方，会使客户有被尊重感，从而使客户对其产生好感。所以，不可轻视这些外在的行为。

9 站有站相，坐有坐相

勿践阈　勿跛倚　勿箕踞　勿摇髀

【原文解释】进门时不要踩在门槛上，不要用一条腿支撑身体斜靠着，不要叉开两条腿坐着或蹲着，更不要摇晃大腿。

“践阈”是指踩踏门槛，这被视为对主人的不恭敬行为。寺庙里还保留着比较高的门槛，如果有导游带着，她会提醒你，进入门内要从一侧进，注意不能踩着门槛。现代家庭门槛就变成一个门框了，没有原来的那么高，但也要注意不应该踩上去。

有些小孩子，刚上幼儿园的年龄就喜欢用脚踩别人。这样的小孩子如果不教育、不引导，长大就可能成为没有教养的人。

“跛倚”就是腿一高一低斜靠着。站立的时候不能东歪西倒，也不能身体倚靠在墙上，或者歪着身体站着，或者独脚站着，这些都很不庄重。

“箕踞”是两条腿八字分开蹲着、坐着，坐时两脚岔开就像个畚箕一样，这样显得特别轻浮和不庄重，特别是女士。“站有站相，坐有坐相”，应该两条腿膝部自然并拢，女士绝对不能两膝分开，这样才会显得端庄；男士两膝可以分开一些，但只能是一拳距离，两膝不能超过肩宽。

古人讲“正襟危坐”，就是背部不靠在椅背上，腰直起来，坐凳子也不坐满，而是坐在凳子前面一半，所以身体自然能够直立。这么坐，人的恭敬心自然就提了起来。

“摇髀”就是抖腿，有这种毛病的人不在少数。自己晃着感觉蛮舒服的，在别人看来，那是内心浮躁、不安定、轻浮的表现，是非常不雅观的举动。

这些细小的礼节，我们在工作中都需要特别注意，不要认为不拘小节没有什么，但只要让对方感觉到不快，就可能给工作带来麻烦和障碍。

历史上，也有因为不拘小节带来不良后果的故事。李白有一次在宫中喝醉了，竟然伸出了脚，让身旁的高力士给他脱靴子。高力士一时不知所措，只得给李白脱下，但这件事让他耿耿于怀。后来机会终于来了，有天李白送给杨贵妃一首诗，被他抓住了把柄，于是他故意挑拨，说李白在诗中侮辱杨贵妃。杨贵妃听信了高力士的话，非常生气。后来，唐玄宗几次想任命李白官职，都被杨贵妃阻止了。李白哪里会想到，酒后的不拘小节竟会引来如此的后果。

10 做事沉稳，不要急躁

缓揭帘　勿有声　宽转弯　勿触棱

【原文解释】出入房间时，掀帘子、开关门的动作要轻缓，不可以冒冒失失的，不要发出声响；转弯的时候，尽量让转弯的幅度大一些，以免撞到其他物体的棱角上而伤了身体。

“缓揭帘”、“宽转弯”，都是在告诉我们：每逢大事要有静气，事态越紧急，心态越要镇定。**静，不仅是一种修养，更是一种智慧。大事当前，临危不乱，就有更多的精力把事情考虑周详，得到更好的处理方案；**遇事慌乱，可能会把事情弄得更糟。

企业员工之间的差别除了学识、经验外，还有一些就是在工作的细节上。工作中粗心大意，浮躁冒失，上司对他就会放心不下，难以委以重任，失去很多的晋升机会。**内心平和，做事踏实而稳健的人，在工作中更容易得到他人的信任，就容易脱颖而出。**在企业中，经常会发现原本很有才气的人，因为内心浮躁，不能脚踏实地，结果错失很多机会。

有位硕士学历的人，经过种种严格的考核，以其出众的才华，最后被一家企业录用，职位为品牌经理。这位员工做事很卖力，走路很快，交代的事经常提前完成。一次领导布置一个产品的策划方案，他一个晚上就拿了出来。营销总监问有没有经过市场调研、竞品研究，有没有参考以往的经验？他认为这些都不需要。营销总监当即指出方案中存在的一些问题，并告之每一笔市场费用都要经得起考验，急不得。后来又一次，该品牌遇到客户投诉，欲曝光于媒体，他担心对公司影响不好，慌忙中就听信了一家公关公司的建议，在签订合同时，把营销总监的反复叮咛抛到了脑后，忽视了一些条款，让公司非常被动，造成了不小的损失。最后，在合同一年到期后，该公司就没有再与他续约。

《菜根谭》中说，性情急躁、粗心大意的人，不容易取得成功。因为一个人性情急躁，做事往往也是如此，事情的成效就会降低，看上去一直忙忙碌碌的，最终却没多大收获。

当今，物质极大丰富，但并没有陶冶人们的思想情操，因为人们的欲望也在快速膨胀，企业的发展速度远远赶不上人们欲望的膨胀。企业工作节奏加快，从人们的步幅中就可以感受到，尤其是北上广深等发达城市。企业上下一片躁动，结果企业的很多决策走形，市场行为变得没有节操。人们的精神像被绑架了一样，满脑子的财富金钱。

少一点躁动，多一点静气，工作、生活才会变得更美好！

⑪

人前人后一个样

执虚器　如执盈　入虚室　如有人

【原文解释】手中拿着空的器具，要像拿着装满东西的器具一样小心翼翼；进入无人的房间，也要像房间里有人一样谨慎。

隐蔽的东西和微小的事情，最能显现一个人的品质，所以一个有道德的人在别人看不见、听不到的情况下，也特别谨慎，不因别人不在场或不注意而做有违道德之事。

在没人的时候，更容易恢复自己的本性。在众人面前，还人模人样，高谈阔论，俨然一位德高望重之人。一旦到没有人能发现自己的环境，那就“原形毕露”。所以，对自我的要求，是从内心发出的，而不是给别人看的。有些人台上一套台下一套，阴暗面一旦被曝光，落个可悲的下场。

说出“天知、地知、我知、你知”的杨震可以说是古代慎独的典范。

东汉时，杨震的学生为了感谢老师的提拔举荐之恩，趁着夜黑给杨震送去百两黄金，杨震坚持不收，学生说：“现在夜深无人知道。”杨震说："天知、地知、我知、你知，何谓无人知?"学生听后十分惭愧，只好告退。

我们的各种行为不是表演给别人看的，而是要发自内心，人前人后一个样。**只做表面上的功夫，而没有内心的认同和诚敬，最终"纸包不住火"，早晚会露馅。**我们在企业中，经常会听到某人讲："他原来是这样的一个人，隐藏得很深啊，我算看透他了!"如果到了这一步，拙劣的表演最终还是要收场的。

有些企业领导对下属要求很多，不能迟到、不能报销作假等，但自己在别人不容易发现时，却偷偷地违反。一旦被发现，领导就很难再要求下属遵守。这也是企业中为什么执行力不畅的原因之一：领导背后做"小动作"。

一次笔者去一家服装店，导购非常热情，招呼着试服装，赞不绝口地说服装非常合身等。笔者当时也就是随便逛逛，导购太热情了，都不好意思拒绝，最后找了个理由说再看看。当笔者慢慢离开，用眼角余光扫视到她用不屑的目光斜视，并与另外一位导购嘀咕着笔者根本买不起。这样的情景，每个人肯定都碰到过很多，如此180度的大转弯，令人大跌眼镜，前面所有的"表演"都显得那么虚伪。想要顾客再来，那肯定是不可能的了。

不论何时何地，或明或暗，或在人前，或独处，都应该心、行保持一致。只有努力提升自己的修养水平，才能光明磊落，问心无愧。

⑫

忙中容易出错

事勿忙　忙多错　勿畏难　勿轻略

【原文解释】做事不要慌慌张张，忙中容易出错；不要因为害怕困难而畏缩不前，也不要轻率随便而敷衍了事。

现在每个人都很忙，“忙”成为一个时代的特征。**越是忙的时候，越需要心静，否则就会忙中出错，欲速则不达。**

从前，有位农夫挑着一担橘子进城赶集，太阳已经偏西，农夫必须在城门关闭之前赶到。农夫焦急地赶路，正巧前面来了一位路人，于是就问能否在太阳落山之前赶到城里。这位路人却说：“你慢慢地走还来得及。”农夫一听，心想慢走可以到达，那快走就更有把握了。不以为然的农夫越走越快，结果一不小心，摔了一跤，橘子散了一地，农夫只好一个个地捡了起来。当农夫赶到城门时，天色已晚，城门已经关闭了。

“心急吃不了热豆腐”，做任何事情都应该从容不迫。我们都会有这样的体会，当自己很忙时，就会越来越慌张，到最后几乎完全没有头绪，导致错误百出。有些忙是客观造成的，事情确实很多，那我们应该对事情进行轻重缓急分类，以便都能在需要的时间完成。如果确实还安排不了，就要考虑把一些工作分配给下属或他人。**有些忙其实是自己造成的，因为没有提前进行工作计划。时间充足时，认为时间还多，优哉游哉，浪费时日；一旦时间临近，匆忙应对，最终结果肯定好不到哪里。**这种现象在企业中特别容易发生。

每个人的成功都是很多失败的累积。**当我们面对挫折时，要把它当成一种锻炼的机会。**成功都是长久不懈的坚持，不能只羡慕结果，而忽略了过程的艰辛。

在企业工作久了，就会发现人的成就并不全靠能力，关键是态度。关于态度的书很多，《态度决定一切》、《态度决定高度》、《态度决定成败》、《态度改变命运》等，无不说明态度的重要性。**对待事情的态度，就怕“认真”二字。**工作的每件事情，都需要认真对待，不可敷衍了事。如果领导提出了一个比较困难的课题，只要认真对待，即使最终没有解决，领导也会理解的。

13 远离低俗事

斗闹场　绝勿近　邪僻事　绝勿问

【原文解释】凡是容易发生打斗事件的不良场所，绝对不要接近。

凡是邪恶怪僻、荒诞不经的事情，我们千万不要好奇地打听追问。

“斗闹场”在古时候，是指一些竞技的地方，如斗鸡、斗蟋蟀等，还有一些声色场所。这些地方出入的人员非常复杂，很容易让人堕落。

俗话说：“常在河边走哪有不湿鞋。”如果不在河边走，怎么可能还会落入水中呢？看那些打架斗殴的人，往往也是在一些赌博等不良场所生事。“物以类聚，人以群分”，习性相同的人容易聚到一起。当我们看到周边的朋友都具有相同的不良习性时，就要特别小心，那说明自己也可能已经属于此类。所以，要改变自己的不良习惯，不但自己要改变，身边这样的朋友也要改变，否则就要疏远之。

《管宁割席》是三国时的一个故事，讲的是管宁从小做事认真专注，从不分心。一次他和朋友坐在一张席子上读书，这时门外的大街上人声嘈杂，管宁不为所动，仍专心读书，但他的朋友却放下书看热闹去了。于是管宁割断席子分开而坐，表示和这个朋友绝交。

人性有个不良的习气，就是对怪事、八卦事有很强的好奇心。而这些对生活毫无意义的垃圾信息，了解他们又有什么意义呢？

在高速公路上发生一起车祸，后面的人就停下来站在车旁看热闹。没想到后面的车没有看清前面有事故，飞速驶来，又发生了二次车祸。我们在为其伤感的同时，是不是也应该从其身上学到一些警醒呢！

邪恶怪僻之事，不要打听，听多了，接触多了，自己也就成了邪僻者。

现在的商业运作，喜欢迎合人们追求的“邪僻事”，不断放大低级、庸俗之事，只要能吸引眼球，根本不管对人有什么影响。看看网络、影视、媒体、书籍等，充斥着色情、暴力、恐怖、低俗、虚假、偏见，还让一些人津津乐道，真是臭味相投。在这样的大环境里，要想保持内心的纯正，是难上加难！

我们要做到“思无邪”，再加上大环境“为政清廉，媒体无邪”，我们的未来更有希望。

⑭ 拜访前做好预约

将入门　问孰存　将上堂　声必扬

【原文解释】将要入门之前，应先问一声有没有人，是谁在。在进入厅堂之前，应先提高声音，让屋里的人知道有人来了。

到别人那里做客，要对其他要碰面的人员有所了解，以免失礼或唐突。去别人那里拜访之前要打电话预约，看对方是不是有时间。**如果要去拜访客户，或者参加会议，应当先打电话，确定好时间、地点；还要“问孰存”，要清楚见面沟通或者会议都是哪些人参加，对其他的参加**

人也要相应的有所了解，这样就容易有针对性地准备。

不论客户拜访还是打电话，都要注意时间，要避开吃饭、休息的时段，这样才显得尊重客户。当电话时间长时，要先问："请问您现在说话方便吗?"能这样尊敬客户，客户跟你交往就会觉得很自然。

我们到领导、同事的办公室，都应该先敲门，一定要让对方知道有人要进来。轻敲之后，里面有应答"请进"之后，同意允许才能进去。假如让等一会儿，就要恭恭敬敬地等着，不可推门就进，更不能悄悄推开一条缝窥探里面的情况。

如果不敲门或者没有回应时就闯进领导办公室，会显得非常不礼貌。如果办公室没有人而进去，万一领导回来撞见，就会造成一些误会。碰巧房间又少了东西，那我们就百口难辩了。所以敲门或者喊几声没人回应，就不能进去，这是尽可能避嫌。

⑮ 用真名展示真实自我

人问谁　对以名　吾与我　不分明

【原文解释】如果屋里人询问是谁，要把自己的名字清楚告诉对方。如果只回答对方"是我"，那别人就没有办法清楚地知道是谁在外面。

在房间里的人听到门外有人敲门，会问“谁呀”，一般门外人回答“我”。其实只凭这个“我”一般还是不知道是谁。应该的回答是直接报上自己的大名，有的还习惯让对方猜，如果关系好开玩笑没事，如果是商务场合那就要规范。万一关系不到，猜不着，双方都会有些尴尬。

有一次接电话，听声音很熟悉，可就是一时想不起来是哪位，只能含糊地“嗯、对、是的”应着，通过对方谈到的关键词，脑海中不断地搜索着，但还是没有想到。中间只好插问了一句：“不好意思，我没听出来你是……”只听得电话那端说：“是我了！我你都听不出来了?”这样一说，就不好意思再追问。到最后，一直“竖起耳朵”努力听，可遗憾的是，直到电话放下，也没听出来对方是谁。直接说出名字多好，非要这样“吾与我”地折磨人！

在给客户第一次打电话时，或者用固定电话拨打对方手机，**对方可能不知道你是谁时，就需要自我介绍，报上自己的公司和姓名，以及简单的来电目的。我们在向客户做介绍的时候，一定要口齿清晰，提炼好前30秒的内容。**

名字特别重要，现在名字也是一个品牌。想当初，在网络上不想让别人知道自己的真名，用网名躲藏在幕后，看外界的表演，怕别人发现了自己，侵犯了自己的隐私。到如今，突然发现，应该“名真言顺”地回归到自己的真名，包括QQ、微信、微博、博客等，**自己想保护的所谓“隐私”越多，证明见不得人的事情越多。**只要行得正，不怕向所有人公开，坦坦荡荡做人。**假如你注重礼节、真诚待人，努力向上而又随顺自然，能会生活得差吗？能焦虑、失眠，还有一些乱七八糟莫名的烦恼吗？**

现在很多小孩，特别是明星的孩子，或者自认为是成功人士的孩子，喜欢给取个英语名，父母平时喊的也是英语名。看到此景，心里有莫名的感叹：英语名真的就那么好吗？**失去了对民族文化的认同，不仅仅失去了自信和自尊，还失去了自我的灵魂。**

⑯ 警惕不小心的“偷盗”

用人物　须明求　倘不问　即为偷

【原文解释】借用别人的物品，一定要向别人明确提出请求。如果没有事先征得别人的同意，擅自拿走去用，那就是偷窃行为。

在企业里，经常有人到其他同事那里借笔、尺子、计算器、胶水等小办公用品，如果同事在，借用时打个招呼倒没有什么。如果同事不在，直接“借”走，就属于小偷小摸；如果拿走用后不还，那就是名副其实的“偷盗”行为了。有时要用的东西不在同事办公桌上，还要拉开抽屉去翻找，那就更严重了。

同事不在，最好不要动别人的东西；如果实在急着用，应该和办公

室其他同事说一声。如果用的时间长，应该留张纸条告知，以防产生不必要的误会。

笔者刚开始工作时，一次和老板出差，传呼机上显示有人呼叫。那时候移动电话还是一个比较奢侈的用品，只有少数企业领导才有。午饭后，和老板回到宾馆房间，看到老板休息了，就趁其睡着时，悄悄地用老板的手机在房间外回了这个电话。没有想到，这时恰巧有人到房间找老板，他醒了，看到笔者拿他的手机回来，就明白怎么一回事。笔者当时感觉非常地丢脸，至今还时时提醒自己永不再犯！

现在的工作基本全是用电脑，工作成果也多用电子版的形式，很容易“复制”，这就给盗用他人成果提供了便利。**我们在用别人的这些成果时，更需要“明求”，同时还要怀着一颗感恩的心，因为它给我们带来了太多的便利。**

现在网络发达了，各种文章都很容易查询得到，有些人对他人的文章和著作改头换面就变成自己的了，这也是盗窃！如果转载，必须要注明出处，并署作者名，这是基本的规则。如果网站或原作者有其他转载的要求，也必须遵守，要尊重作者的知识产权。

企业作假的背后很多就是偷盗行为，产品商标雷同模仿、产品外观造型模仿、产品的款式设计模仿、产品花型模仿、产品工艺模仿、产品专利模仿……真是无所不仿！**一个经常发生“偷盗”行为的公司，是很难在阳光下茁壮成长的。**

17

有借有还，坚守承诺

借人物　及时还　后有急　借不难

【原文解释】借了别人物品，用完之后要及时还给人家。如果以后有急用，再借就不难了。

借别人东西及时归还，这是诚信的要求。

宋濂，明初文学家、政治家，被朱元璋誉为“开国文臣之首”。他从小就非常喜欢读书，但由于家境贫寒，买不起书，只好向别人借书来看，并抄录下来。抄录完后，就急忙把书送还给人家，一点也不敢超过预定的日期。有一次，宋濂到一富户家借书看，这家人不愿意借给他，最后讲明十天之内要还回来，按常规十天根本就读不完。于是宋濂连夜抄录，到了第十天早晨，天下大雪，那家人以为宋濂不会来还书了，可是他却冒雪把书送了回来。

我们借同事的东西、公司的财物，都要想着及时归还。平时借别人财物的机会并不多，要记住归还时间并不是一件难事，何况现在还有手机、台历等各种工具可以帮助提醒。**无论东西大小、财物贵贱，同事、**

朋友借给我们，都是有恩于我们，一定铭记在心。

我们每个人都有急的时候，也有向别人借财物的时候，但一定要注意履行自己的承诺。因为被借方心里最担心的是借方能不能按期归还如果主动索要，可能会破坏同事、朋友之间的关系。**一旦超过自己信誓旦旦的“承诺”，那你在他心目中印象就会下降。**

所以当我们跟别人借东西时，别人面有难色或者拒绝时，都不可以怪别人。我们要反省自己，个人信用要一点一滴经营，要不断在诚信的道路上努力。

欠别人财物和借别人财物性质相同。有些企业喜欢拖欠其他企业的钱款，最终还得还，何必拖延？**只顾及眼前的一些蝇头小利，而不知道诚信本身就是一笔很大的财富**！这样的企业没有几个能发展壮大的。还有经常拖欠员工工资的企业，就没有想过员工会从这个角度考察公司的诚信和未来？因拖欠工资而员工消极怠工带来的损失，又何尝不是公司利润的流失，长此以往，公司怎么可能还有财富的累积。

慧度培训

企业员工弟子规：
用心做小事，成就大事业

第五章
信

《弟子规·信》是分叙的第四部分，讲的是做人的道理，是关于人的品德的修为，做人要有诚信。

从企业的角度看，这部分是在提醒员工要加强个人修养，要在个人品德才能的提升方面不断努力，清醒而正确地把握好自己，抵制不良习气的诱惑。

“人言”即为信！应该承认，当前面临着很大的诚信危机，夸大、忽悠、虚假满目皆是。企业是员工满足生存、实现价值、幸福生活的一个平台，企业缺少基本行为规范和价值观的塑造，就成了没有灵魂的企业。企业没有了灵魂，能不出问题吗？

社会的乱象，人心的痛苦挣扎，开始呼唤着诚信的回归。很多人认为在当前形势下强调诚信就会吃亏，这是大错特错。你诚信了，谁会不喜欢？同事关系、上下级关系、你的事业还用担忧吗？自己拥有强大的正能量，还用担心没有光亮？如果你坚守诚信，你周边的“小宇宙”就会变得和谐。

不诚信的人，一旦被发现，还会有下次机会吗？诚信意味着拥有更多的机会，因为每个人都想和有诚信的人打交道，诚信定有回报！

❶ 呼吁诚信

凡出言　信为先　诈与妄　奚可焉

【原文解释】开口说话，诚实守信是最重要的前提。在同别人交往

的过程中也要守信，如果欺骗别人，或者胡言乱语，那又怎么行得通呢？

“人言”即为信！在老祖宗的词典里，是不存在忽悠的，因为说出来的都是“信”！

当前，诚信面临很大的挑战。企业员工都逐渐喜欢混“圈子”，搭更高的平台，如何能在初次接触中就显得出类拔萃，让对方高看一眼呢？技巧就来了，那就是一个字：吹！经常碰到有人说：某某说的话要打五折。不诚信的人，别人不会都相信你说的。

公司内部员工信任度越高，管理工作量就越少，成本自然下降。相反，彼此猜忌、防范、围堵、监督造成生产力下降，工作也被动。回想一下，当和同事处于信任的环境中，是不是做事情都非常的有效率，而且默契十足。

企业在宣传、产品生产等方面越来越与诚信背道而驰。

赵本山的小品《卖拐》把“忽悠”这个词从东北方言变成了我们日常流行语，这是对当下坑蒙拐骗事件的一个写照。有意思的是，当年有些企业老板和营销老总还要求营销人员集中学习《卖拐》的忽悠精神！开发客户时，喜欢往大了说，把市场前景吹得天花乱坠，目的就是“先把客户的钱骗进来”。在客户服务时，往往承诺的比兑现的多，“妄语”不断！

一些企业产品不符合标准，有害成分超标、安全隐患大，但他们关心的不是给消费者带来的潜在危害，而是把心思放在如何蒙混过关上。他们在检查或检测时，选择几款符合标准的产品送检，或者做些灰色交易，只要检查过关就万事大吉了。如果这样的企业老板教育员工要为企业着想、要诚信时，员工又会作何感想呢?

虽然现在互联网提升了信息的透明度，但我们想了解真实的信息还是很难。大量有商业目的的事件传播、危机公关、水军等，遮住了我们的双眼，我们接触的信息是经过加工处理或者是杜撰的。**我们已经被商业绑架了，哪里还有真实的空间?**

消费者上当后，对企业宣传越来越不相信，于是企业要付出更多的宣传才能抚慰消费者受伤的心。缺少了诚信，我们的营销也要为此多付出相应的费用，这就是诚信成本!

台湾地区《中国时报》独立评论员庄佩璋女士认为“当信任瓦解，社会也就崩溃”，很有道理。

❷ 不花言巧语

话说多　不如少　惟其是　勿佞巧

【原文解释】话多不如话少，多说话容易失误多，说话要遵照事实，实话实说，不可以用花言巧语迷惑他人。

在学生时代，由于没有多少利益交集，人会显得比较“单纯”。**工作以后，同事之间是既合作又竞争的关系，多了利益的共享，彼此之间相处就会显得比较“复杂”。**从整个群体上看，还是毕业的那些人，并没有变，怎么就“复杂”了呢？如果说复杂了，那是每个人都复杂了，包括我们自己！角色和环境变了，对同事的一言一行变得敏感，有时容易产生歧义，从而引起矛盾。所以，我们应该把握的原则就是少说多做，话多不如话少。

言多必失，我们平时不需要说太多话，应该留更多的时间去思考。在适当时机，说一些有深度、有见地的话，那才会有分量。**说话要注意掌握分寸和技巧，需要的是真知灼见，而不是一大堆的废话。**

诸葛瑾是三国时期孙权手下的大臣，平时话不多，但常常在紧要关头，说几句有分量的话。有一次校尉殷模被孙权误解，要被杀头，众人都向孙权求情，只有诸葛瑾一言不发。孙权问他为什么不说话，诸葛瑾说：“我与殷模的家乡遭遇战乱，所以才来投奔陛下。现在殷模不思进取，辜负了您，还求什么宽恕呢？”短短几句话，就让孙权感到殷模不远千里来投奔自己不容易，即使有过错也应该原谅，于是就赦免了殷模。

“佞巧”就是花言巧语，台上一套台下一套。同事之间交往诚为贵，要讲究客观事实，不可为某种目的而添油加醋。

花言巧语的原因有以下两个方面：

其一是为了谋求自我的不当利益。看到利益和机会，脑海中想到的全是自己，把别人抛到一边，进而想在领导和同事面前拔高自己、贬低他人。**对领导百般奉承、巴结，这在同事中是最令人反感的，自以为很聪明，以为别人不知道，其实根本隐藏不了。**

其二是看不得别人好，对别人的成绩容易起嫉妒心。看看当前的流行词“羡慕嫉妒恨”，为什么会产生这个词，并不仅仅是自嘲和半开玩笑，它确实反映了同事间的心态。嫉妒心控制不好，就会找机会给别人背地里“泼冷水”。

要有正确对待他人成绩的心态，佛家讲“随喜”，就是发自内心地赞叹别人做出的成绩。所以，遇到能力强的同事，不应该挖苦打压，而应该多学习，在众人面前多赞扬他的成绩，这才是恰当的做法。

我们经常说，同事关系复杂，人心变了，其实复杂的是自己的内心。**只要多审视自己，坚持内心真诚，言行一致，对别人做出的成绩随喜赞叹，别人做的不当之处不放在心上，就会发现同事之间很好相处。**

❸ 不说脏话

奸巧语　秽污词　市井气　切戒之

【原文解释】不要讲虚伪狡诈的话、不说肮脏下流的词语，粗俗、俗气的话，市侩之气，都要把它戒除。

现在一些口头语“他×的”、“操”等被少数人所喜爱，更甚者口头语竟然是“你×的”，直接从第三人称变成了第二人称。如果是两个人交谈，这样的口头语就让对方感觉很不爽。

在大学期间，一位室友口头语喜欢用“你×的”这个词，笔者听着很不舒服，提醒他不要再这样说了。他还是又说了一句，结果笔者有生以来第一次主动与他人发生“拉扯”现象，从此，与这位室友形同陌路，大学期间再也没有说过话。

当前，网络是“秽污词”的重灾之地，荤段子、黄色笑话、恶俗语言等，登不了大雅之堂，都在网络上泛滥了。有些恶化的倾向是，一些不雅之词“漂白”后进入人们的口中，像什么“傻×”、“×丝”等，有些人还以说这些为荣，认为抓住了时代的脉搏。

在与他人交流时，一些庸俗的语言，如果对方也有这个雅兴，那就是“情投意合”，但如果有人不喜欢听这样的话，特别是有女士在的话，再说就显得粗俗了。在一大学群里，女同学们都不作声，后来问其究竟，才告知：你们聊的口味太重了！大学里都很清纯的同学，工作后却变了样。

工作中不论遇到什么习性的人，只要自己语言不“粗俗”，就可“以不变应万变”，就不会让别人反感。

同事之间遇到一点小事，尖酸刻薄，市侩之气，得理不饶人，这都是在断自己的后路。**每个人都希望拥有和谐的工作氛围，但有时难以如愿，其原因就是自己只站在自身立场考虑问题，没有照顾他人的感受和**

利益，自己在不知不觉中制造了潜在的对手。

说话时如果能够非常文雅，戒掉一些不良的语言，无形当中就会提升一个人的气质和修养。在工作中，可以选择一位我们比较敬佩的人，作为开始学习的榜样。当有所感悟时，再心生对圣贤之人的憧憬、向往，把古圣先贤作为榜样，我们在言语、行为上自然就会学习效仿。

当今造口业之人日盛，读到本文的你，思之、慎之、戒之。

4 不搬弄是非

见未真　勿轻言　知未的　勿轻传

【原文解释】没有弄清楚真相之前，不要随便乱说；对于事情了解得还不够清楚明白时，就不要轻易传出去。

关于讲话，《弟子规》连续用四节来进行说明和要求，可以看出“祸从口出”的严重性。**无论是工作中，还是生活中，我们与同事或他人之间很多“不经意间的矛盾”就由“口”产生，所以管好自己的嘴是多么重要！**

我们现在接触的信息量太大，难免有很多虚假、片面的信息，这时，我们要有明辨是非的能力，不了解的不乱说、不乱传。告诉对方不准确的消息，比不知道还要差，这会对听者产生误导。**特别是同事之间**

关于“是非人我”的事情，更要确保事情的真实性，否则听风就是雨，在其他同事看来就是搬弄是非。同事间的一些矛盾就是这样产生的，在传一些不真实事情时，其他同事也就躺着中枪了。

有则新闻报道的标题是《外国小伙扶中国大妈被讹》，一时点击率很高，大骂中国大妈无节操者很多。可后来发现这是没有深入了解的误报，真相是外国小伙撞了中国大妈，还恶语相加。这是完全不同的性质，还好最终真相还原了。由于这个事件关注度高，开始造成的不良影响也消除很多，但其他的类似事件呢？很多人可能只关注了开头，并没有持续关注，那不良影响就很难消除了。“耳听为虚，眼见为实”，但眼见了也不一定真实，虽然“有图有真相”，但这是片段的图，不是全部。

人都有从众的心理，有时虽然不是真相，但被传多了好像就是真相一样。

曾参的母亲有一次听到邻居说“曾参杀人了”，曾参的母亲并不相信，她认为自己的儿子不会杀人。又过了一会，又一位邻居过来也这样说，曾母还是不信。第三个人又过来如此说，结果她心里动摇了，有些信了。结果只是一个和曾参同名者杀了人，是个误会。

如果是同事之间，胡乱去传一些不是真相的事情，能不造成矛盾吗？

同样的话，语气神态的不同，表达的意思差异很大，这也是说话容易造成误解的原因之一。比如，“我没说是他写的”就有五种意思：

“我”没说是他写的，可能是其他人说的。

我“没”说是他写的，自己确实没有这么说。

我没“说”是他写的，可是我是这么暗示的。

我没说是“他”写的，可能是别人写的。

我没说是他“写”的，可能他说的或其他方式表达出来的。

同样一句话，乐观的人是一种理解，悲观的人是一种理解，关系好是一种理解，关系不好又是一种理解。同事之间容易产生误会很常见，关键是我们的心态。记住，同事也许不是你想象的那样，但也不会平白无故地找你麻烦！

5 不要轻易承诺不妥之事

事非宜　勿轻诺　苟轻诺　进退错

【原文解释】对不合理的要求，不正确的事情，不要轻易答应；如果随便答应，就会使自己进退两难。

帮助他人，也要三思而行，看事情本身是否合理。如果事情不合理，就不要轻易承诺。一旦承诺了，不做就违反了诚信；做了，却又违反了道义。

比如同事有不良嗜好，还去帮助他，那就是助纣为虐。因为如果他的不良嗜好得不到“帮助”，就会面临“绝境”，自己突然醒悟和悔改的可能性还是比较大的。

所以，对于不合理的请求，要学会婉拒。拒绝是一门学问，拒绝别人要婉转，要让对方不失面子。有些人在“不义”的道路上遇到挫折也是很正常的事情，有些人注定是要吃尽苦头才能明白事理。**帮助他人需要智慧，要懂得如何做才是真正的“帮助”。**

有人把这句话理解为“不能做老好人”，对他人要求勇于说不，如此理解就有些偏了，对于合理的要求，还是应该努力帮助他人。

答应他人的事情，就是做了承诺，所以一定要慎重。“盛喜中勿许人物，盛怒中勿答人书。喜时之言，多失信；怒时之言，多失体。”高兴时承诺他人的事情，当平静下来时，可能会后悔。如果自身能力做不到，还勉强答应，即使好心也可能被误会。**有些人喜欢把承诺挂在嘴边，根本不考虑兑现与否，也不认为这是什么错，那就加速了“世风日下”。**

一次和同事一起陪客户，双方喝得都很尽兴，同事在酒桌上大肆承诺，客户也说一定会和我们合作云云。第二天，笔者问同事还记得昨天向客户的承诺吗？同事说还记得一点，他同时告诉笔者，酒桌上的事情，别太当真，大家都喝得迷迷糊糊的，不会太在意谁说的什么，关键是尽兴，大家拉近一些距离。最终果然应验了同事说的“别太当真”，客户最终也没有和我们合作。笔者当时很纳闷：喝酒是交心，但为什么吹嘘一些做不到的事情呢，最终“伤身又伤心”，何苦呢？

与客户说过的话，在利字当前或真正遇到障碍时，有些人就很容易反悔。**诚信是个品牌，决不能是“三拍”：承诺时拍胸，做时拍脑袋，做不好时拍屁股走人。遇到一点小利或困难就变卦，如此目光短浅，怎么可能和客户保持良好长久的关系，怎么可能把企业做大做强？**

⑥ 吐字要清晰，语速要舒缓

凡道字　重且舒　勿急疾　勿模糊

【原文解释】说话时要口齿清晰，吐字清楚，语速舒缓、顺畅，不要说得太快太急，更不要说得模糊不清。

人的谈吐、讲话需要训练，要学会铿锵有力，字字讲得清清楚楚，但不是把每个字都讲的很重。说话要很自然地把每个字说出来，有一种刚柔相济之气，这样听着才舒服。

国家领导人讲话，浑厚有力，张弛有度，令人心生尊重。德高望重者，在沟通和交流时，无不让听者气定神闲，好像有一种强大的气场，令人久久难忘。反而**那些心急气躁者，语速快，恨不得一下子表达出自己所有的观点，越是这样，越让人听不清楚，物极必反，反而达不到应有的效果。**

人讲话有两种毛病，一种是“急疾”，就是讲得很快；另外一种是“模糊”，说话模糊不清，听不到在说什么。这些说话的方式都要注意改正，在不同的场合，语速和语调要控制得比较合适。如在会议上进行宣讲、培训时，面对较多的听众，这时语速不能太急，语调要激昂向上，否则听众可能会听不清楚。

讲话“重且舒”还要分场合，在私下交谈、公众场合、电话中也有所差异。

私下聊天时，就可以随意些，语速可以适当快些。在聚会、购物、车厢等公众场合，说话就不适合声音大。在日常办公的电话中，讲话要清楚明晰，让对方听明白，一些重要的事情，还要重复地说，直到双方都清晰明白。

一位企业领导说话语速非常快，而且声音特别轻，轻飘飘的。有位下属接到这位领导的电话，在还没有听清楚说什么时，领导已经说完了。无奈只好再请领导重复一遍，当领导说第二遍时，他竖起耳朵努力地听，可还是没有全部明白。他实在不好意思请领导再重复一遍，当领导问“清楚了吗”时，只好说“清楚了”。可最终要去做什么，还是一头雾水，最后只好凭自己感觉去做，结果那根本不是领导所要的。

与别人沟通的目的，就是要别人懂得我们表达的真实含义。所以要**注意培养一种习惯，不管是别人交代的，还是交代别人的，都要复述一遍，这样才能确保万无一失。**

7 不要说人是非

彼说长　此说短　不关己　莫闲管

【原文解释】遇到他人说是非好坏时，听听就算了。如果事情与自己无关，就不要议论好坏是非，不要管闲事。

很多事情错综复杂，说不清道不明，每个人站在自己的立场带有侧重和偏见地去说，让人很难了解事情的真相。而且这些对我们又没有任何意义，最好的做法就是不管这些闲事。

企业中，很多问题的产生、效率的下降就是员工之间的你是我非造成的。有些是出于好奇，绘声绘色一番；有些是出于无聊，东拉西扯一顿；有些是出于偏见，添油加醋一回；有些是带有目的，无中生有一下。员工的交流中，“说者无心，听者有意”，不知不觉中，造了不少的口业。

人总是这样，不爱反思自己，总是喜欢议论别人，而且是说人好话的少，说人坏话的多。经常发生一位同事向另外一位同事诉说自己的不幸：某某人做得太不道德了，对我做得太过分了，竟然故意给我制造难题，看来是没事找事啊，来而不往非礼也，要给他点颜色看看，于是无形中就给自己树立了对手。

有一则笑话，甲说："新搬来的邻居好可恶，昨天三更半夜、夜深人静之时竟然跑来猛按我家的门铃。"乙说："的确可恶！你有没有马上报警？"甲说："没有，我当他们是疯子，继续吹我的小喇叭。"

很多事情往往就是这样，说长道短的人往往只说"果"而不说"因"，只说别人不对的一面，而很少或不谈自己不对的一面。

"小人"是如何产生的？我们把对手当作小人，自己也会成为对手心目中的"小人"！所以"小人"其实就是自己造成的！"来说是非者，必是是非人"，这句中国古话，非常有道理。

公司里总会有些小团体，一个团体中传播其他团体的是非人我，一旦自己加入某个团体，就会被"敌对团队"拒之门外。人还真是奇怪，有的同事之间还没有真正地接触过，就已经被站队了，和队外同事正常交往就会莫名受到阻碍。所以，正确的选择是，即使和兴趣、爱好、籍贯等相同的人形成小圈子，也不要谈论和传播圈子外其他人的是是非非，自己不树"假想敌"。即使受到一些无端的不公，只要坚信"身正就不怕影子歪"，日久见人心，慢慢氛围就能够转变过来。

8 要善于吸取别人优点

见人善　即思齐　纵去远　以渐跻

【原文解释】看见他人的善举，要立即学习看齐；即使能力相差很

远，也要努力去做，以逐渐赶上。

与他人相处，如果看到的都是对方的优点，那一定与他人相处得很融洽；而且能学习到别人的优点，对于自身的成长也非常有利。**每个人都有优缺点，如果带着谦卑的心去寻找别人的闪光点，一定大受裨益。**

有一位做品牌策划的同事，也许是职业习惯，看待一些品牌的策划，总会说别人是“弱智”，说“几年必死”、“漏洞百出”等语言。笔者提醒他，多从其他公司品牌策划中寻找亮点并加以总结，会对自己的品牌策划事业更有帮助，切换视角就有不同的解读。

如果用负面的思维去审视周围的人，看到的都是缺陷，而最终一无是处的肯定是自己！

当前，有这样心态的人很多。陈光标喜欢高调做慈善，有人说是作秀，有多少人敢像陈光标那么高调做慈善，而且财产来源阳光的。多么希望更多的陈光标们这样去作慈善秀啊，这才是社会所需，当前即使高调做慈善还不能唤醒一些人的麻木之心，更何况再低调不语呢？

自己栽倒，别人去扶还遭讹诈，真不知道那些摔倒之人心态是多么的扭曲，其结果对社会本来就少的善行进行了“遏制”。经济发展了，人情却淡漠了，这是因为没有做到“见人善，即思齐”，而是“见人善，即非议”。

一个充满正气的社会，需要榜样；一个健康的企业，也需要榜样。就像企业的发展一样，最好找到对标企业，研究探讨这家企业是怎么做的，如何成功的，从而给自身企业带来启示。

真正的上师，就是工作和生活中遇到的每一个人，别人的优点都是我们的榜样。

9 以人为镜常反省

见人恶　即内省　有则改　无加警

【原文解释】看见别人的缺点或不良行为，就要反省自己；如果发现自己也有同样的恶习，就应马上改正，如果没有也要加以警惕。

见到别人有不好的地方，我们该怎么办？要不要批评？这要看别人对自己的信任度如何。如果对方不信任自己，时机就没有成熟。如果信任自己，就可以适当进行规劝，他也容易听进去。

当然，看到别人犯错误，关键还是要想到自己有没有可能犯类似的错误，要自我反省。

如果自己也有同样的问题，那就需要立即改正。从别人的经验教训中，想想他们不良言行的结果，自己如果不改也有可能有这样的后果。

企业中看到有人因偷拿公司财物、报销假发票等被发现而公之于众，该怎么办？应该警醒自己有没有做过此类丢脸的事情。如果有，马上就要改，何必非要等到东窗事发才愿意回头呢，现在的他可能就是下一个自己。

如果自己暂时没有别人的这种错误，也不要沾沾自喜，以后要保持警惕。经常报道一些所谓的名人，不顾自己“有名”的光环，而做了一些见不得人的丑事，比如出轨、嫖娼、吸毒等，这就特别发人内省。**人很容易随着环境的变化而改变，所以要一直保持警惕，特别是自认为有些“功名成就”之后，容易生起傲慢之心，而放纵了自己。**

“见人恶”，绝对不要放在心上，那样是让自己的内心装了很多别人的垃圾，“很傻很天真”。面对恶人，也应该给予宽恕、体恤，这些“恶人”也是很痛苦的，是因为无知而造成的。**每个人都不愿意去做恶事，只是因为没有人教而造成的，“先人不善，不识道德，无有语者，殊无怪也”。**

孔子的学生曾参，是个非常注重道德修养的人。他每天晚上休息之前，都要对自己一天的所作所为进行反思，这一天哪些事做得有意义，做错事情了吗？帮人做事是不是尽心尽力了？与朋友交往是不是诚信了？对老师所传授的知识有没有温习？这种勤于反思，时时注意加强自身修养的精神，是令人敬佩的。

⑩ 为德才兼备而努力

唯德学　唯才艺　不如人　当自砺

【原文解释】唯有自己在品德、学问、才能、技艺等方面才可以与人相比，不如别人，应当自我激励、奋发图强。

古有八德，“孝、悌、忠、信、礼、义、廉、耻”，这些是圣贤的品德，应该好好地修行。**德行，就是扮演好自己在社会中的各种角色，做好自己的本职工作。**

“学”是指学问、知识。好学的人跟智者相接近，如果看到别人都比自己强，还自甘堕落，不想学习，那是很可悲的。

“才”就是指才华、才艺、才能。“三百六十行，行行出状元”，为了在社会能有一席立足之地，需要至少在一行能够深入，并成为这方面的行家。有了这些，我们才不会为自己的生活忧虑。

学、才、艺，这是一个人赖以谋生的本领。特别指出的是，仅有这些还不够，做人还要有德，无德之人，整个人就会被否定。**把“德”放在“学、才、艺”之前，也很符合社会中很多企业的用人之道：德才兼备，以德为先。**

看到他人品德好、学问好、才能好、技艺好，我们要反观自省，想一想自己尽心了吗？如果没有尽心尽力，就应该向别人学习。

现在的环境令人担忧，人们对“缺德”之事，习惯成自然。对别人态度傲慢，随地吐痰、乱扔垃圾随处可见；没有几个人也不愿意排队，还要挤得不可开交；认为国外的什么都比中国的好，能与外国人一起在公众场合交流几句英语，内心就会有强烈的炫耀感；对国家喜欢谩骂几句以凸显自己，对爱国者进行嘲笑；崇拜权势和金钱，鄙夷理想和志气……

很多人和别人拼车、拼房、拼服装、拼吃喝，这有何意义？**真的把很多事情都看明白了，生活就处处充满了幸福感，很多的不幸福，都是在一些不必要的攀比中失去的。**那些开着豪车、住着豪宅、穿着盛装的人们，缺少德行，最终生活的非常空虚。

我们进入了价值观错乱的年代，给钱就干，金钱已经成为整个社会活动万能的通行证，这是社会陷入迷惘和混乱的一个主要标志。有记者问李泽楷："你的父亲李嘉诚究竟教了你怎样的赚钱秘诀？"李泽楷说："我的父亲从没告诉我赚钱的方法，只教了我一些做人处世的道理。"记者很惊讶，不相信其所言。**金钱不是万能，"聪明"的最高境界是厚德**！

我们常听到的"富不过三代"，完整的是"道德传家，十代以上；耕读传家，次之；诗书传家，又次之；富贵传家，不过三代"。可见道德与财富相比，孰轻孰重一眼便知。

⑪ 不攀比吃穿

若衣服　若饮食　不如人　勿生戚

【原文解释】若是穿着打扮、饮食方面不如别人，就不必悲伤难过。

静心思考，我们真正需要的东西其实不多，但想要的东西太多太多。这是自我的贪欲，是价值观的扭曲，如不善加引导，都将成为社会的不稳定因素。

真正贵重的东西是免费的，比如阳光、空气、水（现在由于污染，需要一定的费用了）。哪些是基本的需求？饱腹的食物、御寒的衣服、遮风挡雨的房子、基本的交通、通信工具，这些需要都属于基本需求，是正常的。除此之外的奢侈品、装饰品等，都是为了满足所谓的面子和虚荣。

衣服关键是整洁和得体，高大上的衣服只是营销人故意炮制出来的概念。在不同的场合，根据自己的身份，有一定程度的衣着装扮，以符合当时的环境，这是一种庄重和对他人的尊重，可以算是一种需要。在其他情况下，就不需要攀比衣着。

在饮食上也是如此。但有些人味道美了还想更美，要吃“新、奇、特”。**其实呢，自然界中哪有那么多的美味，现在很多的“美味”都是用香精调料调制出来的**。为了规模化地满足人们的口福，一些所谓的秘方熬制，也慢慢走了样，结果也是用香精调料等勾调而成，因为也没有那么多地方和时间熬制。**如果香精调料不含有危害人体的物质还好，可惜这很难保证。这些所谓追求舌尖上满足的人们在“饮苦食毒”，真的没有什么好羡慕的。**

为了满足这些人对“品质和面子”的需求，营销人员将各种高端的奢侈品逐步“营销”出来。

有某虫草品牌还大言不惭的宣称价格每克不高于1600元，你这卖的是长生不老的仙丹吗？酒价格也不断攀高，一瓶酒，几百、上千是常见，到底有多少成本？想平常自饮一些好酒也变得非常的奢侈。

奢侈品的涌现，不是正常现象。营销人员助长了“衣、食”的高价，使得本来最基本的需要，也变得高不可攀。我们应该从“心灵环保”的角度出发，保护我们的内心不受大环境的污染。

跟别人在穿着、饮食等方面攀比没有意义，不断提高自己的道德修养和知识水平，从这些方面超越别人才能得到更多的尊重。

⑫ 小心糖衣炮弹

闻过怒　闻誉乐　损友来　益友却

【原文解释】如果听到别人的批评就生气，听到别人的称赞就欢喜，那么坏朋友就会越来越多，良朋益友就会离自己远去。

物以类聚，人以群分，你是什么个性，就会吸引什么样的人。假如同事指出你的缺点，你心里很窝火，甚至想找机会报复，那这位同事下次肯定不会再提出你的过失了。你减少了改正过失的机会，久而久之，总会在你的过失上跌一跤。

有些人遇到困难，喜欢怨天尤人。其实自己的一言一行，都影响着身边的人。所以，要对自己所在的环境负责。**每个人身边的环境都是自己营造的，发生的事情是好是坏，都与自己的积累有关。**

每一个过失都潜伏着一个进步的机会，有了别人的提醒，自己就更早知道问题的所在并加以改进。除了父母和老师以外，能遇到几个真心批评指正我们的人？真心批评指正我们的人，都是我们的良师益友。在企业里，如果领导批评你，实际上是帮助你。否则，他何必要指出你的缺点呢？他怎么不到大街上去批评一个不相关的人呢？

同样的批评，如果用感恩的心，那是别人帮助自己提升；如果用仇恨的心，就是别人故意找茬！

企业的发展也是一样，**问题就是发展的机会。**

笔者给客户做营销咨询诊断时，喜欢把发现的问题，说成未来发展的空间和机会。其实道理确实是这样的，因为企业在当前情况下，已经做得很不错了，如果想再进行提升，机会从哪里来呢？肯定是要找到影响企业发展瓶颈的因素，这些问题的解决不就是未来发展的机会吗？

所以不要担心过失、批评和问题，当我们“损友来，益友却”时，就要反思自己的行为。在一个健康的人眼里，看到和吸引自己的都是别人的阳光，别人的负面因素也无暇顾及。

⑬ 闻过则喜

闻誉恐　闻过欣　直谅士　渐相亲

【原文解释】听到他人的称赞，就心里不安；听到别人指出自己的缺点，欣然接受，那么正直诚信的朋友就会渐渐和自己亲近。

害怕别人给戴高帽，是一种智慧的表现，要好好往深处想：他为什么要夸我？肯定是出于某种目的，或者想建立一个好感，或者是想拍拍马屁，或者是想麻痹我。当然也有出于真心的夸奖，即使如此，也要警惕，且不可飘飘然。**越是在社会上有一定地位的人，对夸奖越要警惕，因为稍不留神就摔得很惨。**很多知名人士在功成名就后，对自己的行为疏于约束，德行下降，听不进去意见，而最终成为大众茶余饭后的谈资。

唐朝武则天时期有个著名的大臣叫宋璟，以刚正不阿著称。有一天，有人推荐给宋璟一篇文章，并对他说："写文章的人很有才学。"宋璟是个爱才之人，马上就读起这篇文章来。文章真是不错，宋璟边读边赞叹。可是读着读着，宋璟的眉头皱了起来，原来这个人为了巴结宋璟，在文章中对他大加吹捧，这让宋璟很生气。后来，宋璟对送文章的人说："这个人的文章不错，但品行不端，想靠巴结来升官，不能启用。"

"闻过欣"，"欣"有三意，一者闻过则喜，高兴；二者佩服察己之过者，欣赏；三者认过而欣欣向荣，生机。"闻过欣"，听到别人讲自己的过失就非常欢喜，这种人必定有很多善友。看人家过失容易，看到自己的过失难。**人们看自己时一般会放大功劳，弱化缺点，很难跳出自己的圈子来看清真正的自己，**因此需要善友来提醒。

我们学过的课文《邹忌讽齐王纳谏》，就可看出齐王纳谏之后，齐国发生的可喜变化。齐王通过纳谏去除弊端，从而使齐国国势强盛，威震诸侯。

“闻誉恐，闻过欣”，这是一种人生的态度。

14 要避免有意的“罪恶”

无心非　名为错　有心非　名为恶

【原文解释】如果无意中犯了错，称之为“过错”，如果是明知故犯的，那就属于“罪恶”了。

在“非”的事件上，有不同的区分：一个是错，一个是恶。如果过失是无心的，这种过失属于错误；如果是存心犯的过失，这种就叫恶，因为是有意而为，行为很恶劣。

记得学习英语时，老师讲解英语单词“accident”和“incident”的不同，现在还记忆犹新：accident属于意外事故，是无意的；incident是属于事件，是故意而为的。无意和有心确实有很大的差别，它表达了当事人的主观意愿。

广受关注的药家鑫案，就是从“错”到“恶”的过程。本来他驾车撞上了骑电动车的张妙，造成了意外事故，这是属于无心之错。如果他当时认识到自己的错误，尽快报警，抢救伤者，就不会有伤者的死亡，也不会有事故性质的转变。可药家鑫并没有这样想，他怕张妙看到其车牌号，以后找麻烦，便产生杀人灭口之恶念，于是从车内取出一把刀，对被撞倒在地的张妙连捅数刀，最终导致张妙当场死亡。这样事件就完全变了，从一件小事演变成了一件凶杀案。药家鑫从驾车肇事者变成了故意杀人犯，最终自己的性命也搭上了。

在工作中、生活中，因为一件不起眼的小事，最终闹大的事情不胜枚举，应该引以为戒，特别要注意的是，不要让无意中发生的事情，向有意而为之的方向上越走越远。同时，看到有的人有过失，也要怀着宽恕的心态对待他，尤其是无心的过错，不要得理不饶人。

在中国人的道德世界里，一个人的用心非常关键。古人说："有心为善，虽善不赏；无心为恶，虽恶不罚。"强调用心，事实上就是从问题的源头进行事前控制，防患于未然，是"不治已病治未病"的高明做法。

⑮
知错要改

过能改　归于无　倘掩饰　增一辜

【原文解释】知错能改，那就像没有犯过错误一样；如果还去故意掩饰过错，那就是错上加错了。

历史典故“周处除三害”，就是一个有过能改的典型事例。周处是西晋时期人，年轻时称霸一方，与河中的一条蛟龙和山上的一只白虎一起祸害百姓，被当地百姓称为三害，其中周处为其首。有人劝说周处杀死猛虎和蛟龙，他听从了。于是他上山打死了猛虎，又到河中与蛟龙进行了殊死搏斗，最终杀死了蛟龙，周处也负了伤。别人劝说周处杀白虎斩蛟龙，实际上是希望三个祸害相互拼杀后只剩下一个。结果人们以为周处也死了，拍手称快，认为三害都被除掉了。周处见乡亲们都盼着他死，才知道自己以前确实做得太过分了，很惭愧，决定改过自新。最后在陆云等当时有修养之人的劝说和帮助下，周处逐渐改掉恶习，还做了将军，成了国家的有用之才。

“人非圣贤，孰能无过，过而能改，善莫大焉”。**每个人都是在过失中成长的，没有一个人是不犯错的，有过失并不可怕，关键是对待犯错的态度。一定要有真正的忏悔之心，切不可嘴上承认错误，而心里根本没有认错。**

很多矛盾的激化，都是从小事开始的，当时双方如能主动退让一步，很快就可以“归于无”，可往往因为有些人不愿意承认自己的错误，让事情变得一发不可收拾。

在企业里，比如管理者交代下属做一件事情，结果下属做砸了，惹出了麻烦。如果下属主动承认自己的错误，不推诿责任，那么领导也会愿意帮助他寻找事情弥补的方式方法，甚至进行自我剖析：员工是自己安排的，是不是没有交代清楚，是否因为过程中没有跟踪，或许自己对“识人”上还需要技能上的提升等。**多进行自我问题的寻找和改错，就**

不会推诿扯皮。如此这般，以后此类事件还怎么可能再发生呢？

他人从自身的角度提出的建议，不会是凭空臆想的，多少会有一些道理。

德行要提升，“知错就改”这句话一定要扎实落实。别人好的建议，有可取之处，我们学习、听劝，不要反唇相讥，要严于律己，宽以待人。

第六章
泛爱众

《弟子规·泛爱众》是分叙的第五部分，在于培养我们的宽容心胸，要学会爱人，懂得设身处地为别人着想，善待他人。

这部分为交际、为人处事提供了借鉴，在企业里，适合员工及上级领导自省，重要的不是权势，而是个人的品德、才能，要学会关心爱护同事，爱护下级，以理服人。

那些有大成就的企业，如果没有爱员工、爱社会的思想，没有大的心量，是根本不可能成功的。比尔·盖茨创造了微软，成为世界首富，让人尊敬的是他热爱慈善公益事业，还因此成了“世界首善”！

华为采用了在企业中史无前例的奖酬分红制度，98.6%的股票，都归员工所有，任正非本人所持有的股票只占了1.4%。员工的股票除了不能表决、自由出售外，股东可以获得分红与股票增值的利润。每年所赚取的净利，几乎是百分之百分配给股东。一块饼大家分，“要活大家一起活”，造就了华为式管理的向心力。

我们经常认为员工不好带，领导难伺候，原因在哪里？“行有不得，反求诸己”，不要一直盯着对方，要自我反省，从自己身上找原因。自己平时关心过他吗？关心过他的感受吗？自己在平时为他做过什么？自己平时背后有没有说他的坏话？能想象出对方的优点是什么吗？自己对他有过宽容的心吗？想想这些，就很容易找出答案。

是时候进行自我反省了，企业也可以开展批评与自我批评，看看自己有哪些毛病，“红红脸，出出汗”确实是很必要的。

❶ 爱人就是爱自己

凡是人　皆须爱　天同覆　地同载

【原文解释】对于所有人，我们都应该关心爱护他们。因为我们是头顶同一片天，脚踩同一片地，生活在同一个在地球上的人。

从遥远的太空观看地球，地球就是一粒微尘，跳出局外看这个世界，其实大家是一体的。我们处于同一片蓝天下，同在一个地球上。空气污染了，大家都躲不过；水质污染了，大家都受影响；遇到自然灾害了，谁都难逃脱。

“年年岁岁花相似，岁岁年年人不同”，这引起很多人的感伤。仔细想想这句话，是站在“自我”的角度去观察的；如果在“一束花”的角度观察，没有多久它就谢了，何来年年相似？观察的角度不同，看到的现象也会不同。站在个体的角度看，都在变化中；站在全局的角度看，年年岁岁花也相似，人也相同，有生有死，周而复始。

人都会生老病死，这是一个自然的过程。什么才是有价值的人生？财富、地位吗？**人的价值应该在于让自己和他人生活得更幸福、更快乐，而不能损害他人的正当利益，给别人带来痛苦！**

中国的传统教育，是仁爱奉献的教育；而如今追求自我个性的绽

放，这也没有错，关键就是不能以“损人”为代价！现在“损人利己”很常见，甚至“损人不利己”的事情也司空见惯，确实值得警惕。有的人为了别人一句话、一个眼神就去报复，智商都用在为他人制造痛苦和障碍上，悲哉。

爱别人，别人才会爱自己；人人为我，我为人人。这样才能拥有一个良性的循环。播下的友爱、温情的种子，它会发芽、成长；帮助过的人、温暖过的人，最终也会令自己受益无穷。

天地没有分别心，它对一切人、一切事、一切物平等地覆盖和负载。我们应效仿的就是天地的这种博爱、平等，一种无私的爱。

❷ 德高望重受人尊敬

行高者　名自高　人所重　非貌高

【原文解释】一个人德行高尚，名望自然就高，人们敬重他，并不是因为他的容貌外表好。

“雁过留声，人过留名”，人总想在工作和生活中获得好的名声，拥有更多的影响力，拥有更多的“粉丝”。高尚的德行，才能得到更多的尊重，才能拥有更持久的感召力和影响力。古人的名望，由于没有现在的信息手段，靠的是真正的口碑传播，所以也更真实。**德行高尚者，**

留给后人很多正能量，其后人还能在正能量的余温中受益，这才是真正的智慧之人。

但现代人更“聪明”，利用“捷径”而出名，可以通过一些内容的炒作，来吸引“眼球”。于是为了所谓的“名”，不惜用自己的身体、庸俗事件等来炮制一些低俗的话题。还别说，这样真的就出名了。出名的目的是要迅速变现，要赶快借当今流行的“眼球经济”大赚一笔。

但要注意的是，名声不代表名望，这样给别人展示的是什么呢？能给别人带来正能量吗？**人的地位和德行是相关的，当“德不配位”时，唾液或唾沫也能把人淹死，所谓的“名人”也就成了“人名”，**遇到些麻烦也就很正常了。如果看到一些有钱人或者名人英年早逝，或者由于吸毒等犯罪被抓，真的要好好分析，他们为什么会有这样的结果。

企业管理中，把管理者的影响力归结为：岗位权力、专业影响、人格魅力。岗位权力是占有的职位所具有的权势，专业影响是运用专业技能所表现出的实力，人格魅力是发挥个人外在特质及个人性格优点所产生的影响力。这三个方面，哪个对下属的影响力最大？结论是：岗位权力很小，专业有一定的影响，影响最大的是人格魅力，这就是“名望”的深奥。一个团队、企业如此，一个社会也是如此。**当很多人离开一家公司后，或者离开领导岗位后，如果原来的下属不再和自己联系，那就要好好反思自己有多少人格的魅力。**

人们敬重的不是容貌，能够被人们记住和赞颂的，是人的高尚德行。德行不高，煽风点火、制造事端的人，即使相貌好，也会被同事所厌恶。

可有些人不求心灵美，只求外表美——不美用图片美化；不美通过化妆修饰，不美做整容改造，心思只在脸蛋和身材上。靠色相吃饭的人，青春腐蚀了岁月，一旦青春不在，那就会急转直下，日后的痛苦谁人又知？

包公相传是个黑脸，虽然历史书上没有明确记载，但包拯肯定是一个相貌很普通的人，绝不是一个英俊潇洒的美男子，但这并不影响人们对他的尊敬与爱戴，因为人们爱戴的是他的德行，是他的一身正气，所谓“行高者，名自高”！

3 才学出众名望大

才大者　望自大　人所服　非言大

【原文解释】一个人若才学出众，名望自然就大，人们佩服他，并不是因为他会说大话。

什么样的“才”才能长久？要有利于社会、企业、他人的“才”，才能让人觉悟、让人受益。假如一个人有才无德，那就不可能赢得他人的尊重。

前文提到，企业管理者的影响力依次为：人格魅力（德）、专业影响（才）、岗位权力（权）。**虽然人格魅力影响最深，但在价值观错乱的当下，不是所有人都爱关注“德”的，而“专业影响”在企业中显**

得“更为现实”。所以企业里，有专业、有口才、有能力的人，自然受到更多人的关注和追随。才学出众的人，名望自然就大。

喜欢炫耀的都是一些小成绩，没有多少成就的人，生怕别人信不过自己；而真正的大德，或者获得很大成就的人，何须炫耀？“才”犹如瓶中之水，“满瓶子不响，半瓶子咣当”是很好的比喻。“酒香不怕巷子深”，有些人认为过时了，认为在当前即使酒香，也怕巷子深的。只想说，那还是酒不够香，酒真是香了，肯定会飘得很远。

赝品，即使包装出来，名噪一时，也会迅速衰败。一个人的品德和能力如果到了什么都不必说，别人就很信任自己的时候，那才是最终的追求。

孔子出身在一个很平凡的家庭，他一生追求圣贤之道，培养自己完美的人格，成为儒学祖师，被后人景仰。我们现在学习他，也是因为佩服孔子的道德、学问。他有真才实学，能够让人在工作和生活中受益。

马云创立了阿里巴巴、淘宝网、支付宝等，是中国IT企业的代表性人物，白手创业成了一名优秀的企业家，几乎无人不知，成了很多人所敬仰和追随的典范。有才之人，名望自然就大，看看现在的微信，关于企业管理相关经验的，即使不是马云说的，也喜欢加上马云的图片，从这里也能看出“才大者，望自大”。

近代，不知道是不是从“大跃进”开始，喜欢说大话者很多，“吹牛不报税”成为人们的调侃。喜欢进行适当的“包装”，只强调能力而弱化劣势，还算说实话，但把一些“能力指标项”翻番甚至拔高几倍，那就太离谱了。**吹出来的成绩和能力，在开始接触时，或许会让人佩服，但几次接触后，了解了真相，原来的佩服就会变成轻视。**

尤其是企业领导，自己一定要不断地提升，才能在团队里更好地领导员工。自己行为不能有偏颇，有德能和才干才能让众人服，这样团队才有凝聚力。一个人要想让别人看得起，获得他人对自己的尊重和信服，不是靠相貌和说大话，而是靠德行和才干！

④ 有才能多分享

己有能　勿自私　人所能　勿轻訾

【原文解释】自己有才能，就不要自私自利，要帮助别人。别人有才能，不要嫉妒，更不要随便说别人的坏话，诋毁别人。

每个人爱好不同，能力也有所差异，自己在某方面可以成为别人的老师，而别人可能在别的方面可以成为自己的老师，所以，互相学习是应有的态度。

企业里也应该如此，自己有了某方面的专长，如果别人要问及，就应该尽心告之。如此，才能在自己有所困惑时，得到别人的指教。“教会徒弟，饿死师傅”是非常狭隘的自私之语，你不教他，总有人会教，一个想进步的人，别人很难阻挡其脚步；再说，师傅为什么会饿死，总不能怀有一技之长而固步自封吧？**现在社会进步那么快，饿死也不是“徒弟”造成的，而是“师傅”没有进步罢了。**

20世纪末，计算机逐步进入了企业，相关应用与学习需求很兴旺。有位同事计算机专业毕业，进入公司后自然成为大家争相询问和请教的对象，“才大者，望自大”。可这位仁兄并不这么认为，在给同事讲解时，总是遮遮掩掩，欲言又止，有时还说“这些都是需要收费才能告诉的”。哦，原来如此，大家争相去问，看来还真是难为他了。慢慢地，同事问得少了，他在同事中的威望也慢慢下降。现如今，当初的计算机应用技术都成了过眼烟云，那位同事改行卖电子设备了，但也是不温不火。不知道这样的结果是不是和他“已有能，勿自私”背道而驰有关呢？

所以，同事之间，应该互帮互助，这是一种心境。**能帮助别人时，不要自私，这样也为未来铺设一条更光明的路。**

一个朋友从浙江来到上海发展，要租房，寻找一个落脚点。朋友原来的下属让他住自己那里，朋友同事的住房是企业提供的，两室一厅，一个人住，还空着一间。这位朋友感慨地说：跟他“失联”好久了，真是没有想到，原来给他一点小帮助，现在竟然提供了这么大的便利。

如果同事有才能，就应该多学习，而不是“羡慕嫉妒恨”，更不能说些坏话诋毁别人。现在企业躁动，员工也躁动，人们做事都想速成，对每一个机会都想努力得到，对于强过自己、会阻挡自己的人，容易产生嫉妒之心，甚至打压、诋毁，造成企业内部“复杂”的局面。经过细心观察，可以看到两个结果：**喜欢诋毁别人者，逐渐被其他同事疏远，自己的发展机会受到压制；被别人诋毁者，一旦上司了解了真相，反而得到更多的发展机会。**造化愚弄人吗？非也！

很多人目光短浅，只看到眼前的一点名利得失，而没有看得更长远。如果了解更多的世间真相和因果道理，就不会在乎眼前一点，也不会自私自利，更不会去造谣诽谤一些德才之人。只有携手共进，懂得大家是一体的道理，才能拥抱更加美好的未来。

5 巴结别人，不如修养自身

勿谄富　勿骄贫　勿厌故　勿喜新

【原文解释】不要献媚巴结富有的人，也不要轻视、不尊重贫穷的人。不要讨厌不如自己的老朋友，也不要贪恋有地位的新相识，要做到不喜新厌旧。

巴结富贵之人，轻视贫穷之人，是一些人天生的弱项，否则也不会有人感叹“贫居闹市无人问，富在深山有远亲”了。甚至，还有人总结分析后得出“不能和不如自己的人交往”的结论，令人诧异。

现在流行“圈子文化”，一些人好像发现了千载难逢的机会，拼命往里面挤，以为混入其中，就抬高了自己身价似的。应该说，**圈子只是提供了一个交流的平台，如果自己能力不够，一心只想结交一些有钱人、一些大腕，弄几张合影是没有什么用的，**只是满足了自己的虚荣，微信朋友圈里晒晒，娱乐自己。与其混圈子，不如节约时间，努力提升自己的专业技能。**有了“才”，各种机会自然会找到你。**

我们惊奇地发现，现在到处都是想“傍大款”的：生活中，梦想着认识更多的大款；企业里，以赚有钱人的钱为目的；结婚，也是想找个有钱人。处处在宣传这个导向：“怎样嫁个有钱人”，“如何与富人搭讪”等“经验”分享……大款就那么傻吗？总是要有交易吧，于是只有出卖自己的灵魂，最终家庭破裂、子无所教、亲无所养，甚至会出现仇杀、凶杀！

缘不应该去攀，也是攀不来的，还是要“门当户对”。感觉是攀来的缘，实际上是自己能力的匹配而结成的，**只有你能给别人带来价值才能攀上这个缘，给别人带来不了价值，即使满脸堆笑，面部肌肉笑到僵硬也没有什么作用。别人也在寻找机会，他们不会去同情一个弱者。**

刚开始找工作时，这样的体会就更深。找工作时，找了半天找不到；而在工作满意，有不错的职位，不想跳槽时，猎头有时反而会找到你。

当人没有利用价值了，就会被抛弃到一旁，这也是企业人很容易犯的错误之一。**当你的职位上升，不再是老领导的下属时，如果还在同一个企业，就要特别注意与老领导的关系，要感谢其悉心的栽培。**

有一位市场总监，悉心栽培一位看好的下属，并提拔他到主管的位置，后来又提拔到经理的岗位。后来，这家企业换了总经理，这位市场总监被调离了岗位，其看好的这位下属管理整个市场部。令这位总监没有想到的是，她的这位下属也许是急于证明自己的能力，也许是为了和新上任的总经理走得更近，在新岗位就职的会议上，说了过去市场部存在的不足，讲了自己的能力和成绩，对原市场总监的成绩丝毫未提。

可谓是人走茶凉，过河拆桥。不过还要补充的是，没过多久，总经理对新上任的市场经理的评价是：能力欠缺。这位市场经理知道后很郁闷，不久就跳槽到其他公司了。没有正确的心态，就不会有想要的结果。

6 人忙勿扰

人不闲　勿事搅　人不安　勿话扰

【原文解释】别人正在忙碌，没有空闲的时候，就不要去打搅。当别人心情不好、情绪不安的时候，就不要用闲言闲语去打扰。

现在，搅扰无处不在，随处可见各种广告。企业希望自己的产品或服务有更多的人购买，手机、互联网被商家津津乐道的也是如何更便利的推送广告。**商业绑架了我们所有的行为，用一个关键词总结目前的人，那就是“忙”**。在经济不发达的二三十年前，人们见面喜欢问“吃饭了吗”，现在的人都是“忙啥呢”。

当别人很忙时，尽量避免跟他讲话，更不要找他帮忙。请别人帮忙时，要看对方有没有空闲时间。**如果对方很忙而打扰他，虽然他有时碍于情面，不好意思拒绝，但在心里已经对你留下了不好的印象**。所以在平时的工作生活点滴中，要学会察言观色。这样，大家自然就可以相处得很融洽，人与人交往贵在能知心，能替对方着想。

企业里，特别是身居高位的人，事情会比较多。如果没有特别要沟通和汇报的事项，就不要过多的打搅。汇报时，也要简述要点，言简意赅。有些人喜欢有事没事、大事小事都往领导那里跑，目的是多跟领导接触。如果领导是个喜欢闲聊之人，这样做可能有些效果；如果领导事情很多，应该不会想到先提拔你，而是想到让你能滚多远就滚多远。

话不在多，如果给客户、同事等打电话，接通电话后，需要询问：“你现在有空吗?”有些人打电话就聊个不停，可能对方正有客人在旁，又插不上话告诉你，会让他不知所措。设身处地为别人着想，点点滴滴的体谅也会使对方更容易相处。

人与人沟通的目的，无非就是把自己想表达的想法和观点让对方接收到。对方能接收多少，和对方的兴趣、情绪、环境等有关，所以越重要的事情，就越需要对方专注，那就要选择合适的时机。**当情绪很不好时，谁都不希望别人来打扰，这时候沟通不会有理想的结果。**

三国时期，魏明帝最疼爱的一个女儿死了。魏明帝十分悲痛，决定厚葬她，并且亲自去送丧。这时，大臣杨阜对明帝说："先皇和太后去世时，你都没有去送丧，现在女儿死了却去送丧，这与礼法不合。"杨阜说得有道理，但他却唠唠叨叨地说个不停。当时魏明帝正处在悲痛之时，所以，他不仅没有理会杨阜的意见，还把他赶出了朝堂。杨阜落得这样下场，完全是因为他说话不看时机的结果。

人在情绪不稳定时，做出的决策也是非理智的，所以重要的决策应该在当事人心情比较平静时进行沟通确定，这样就不会出现大的偏差。

7 人要脸树要皮，莫揭人短

人有短　切莫揭　人有私　切莫说

【原文解释】别人有短处，切记不要轻易就揭穿他；别人有隐私，切记不要随便说出去，四处宣扬。

每个人都有自尊，谁都不愿意在别人面前丢面子。把别人的短处、隐私揭露出来，就让别人丢了面子，跟人结怨就是必然的了。**注意"不揭短"不属于包庇，如果是违法乱纪或是严重损害他人的利益的事情，那是要公之于众的，这里仅仅指的是"短处"和"隐私"，是别人**

的一些性格缺陷或小毛病。

揭露别人短处、拿别人隐私来说事，是不对的，即使开玩笑也是不行的。每个人都有不愿被提及的往事，如果他人故意提起，温和的人也可能被激怒，如此造成的后果谁来承担呢？

马加爵事件给我们一个深刻的反思。2004年，大学生马加爵杀死了四个同学，在国内引起很大的震动。马加爵丧失人性，罪不可赦，被判处死刑。他的问题暂且不分析，从另外一个角度看，这几位同学为什么会惹来杀身之祸呢？据马加爵陈述，这些同学经常讥笑他、辱骂他，当很多人面说其人品差，过生日不请他、没有女朋友等“隐私”，所以他的怨气慢慢积攒起来。如果不是几位同学瞧不起他，不揭其短，言语不那么过分刻薄，或许这样的悲剧就可以避免。

对于别人的短处，只要不是嘲讽的心理，而是用心地关怀，也不是不能说，只是不要当众说。有些人看到别人的毛病，故意在大众面前说，这是嘲讽的心理，是恶意。如果私下里，或者遇到合适的机会，旁敲侧击地点拨，看透不说透，别人也很聪明，在理解你的用心后，还会非常感激你。

“看破不说破”、“看穿不说穿”是中国人在群体生活中总结出来的大智慧，凡事都给别人留三分薄面。有的人太爱显示小聪明，尤其是太爱散布“独家小道消息”。三国中的杨修被杀就是一个典型的例子，他洞穿曹操的心机又爱显摆，最终迎来杀身之祸。任何人都有隐秘之事，当你有意或无意知道后，假装愚钝不说穿，才是明智之举。

中国有句俗话："打人不打脸，骂人不揭短。""揭人短"跟"打人脸"一样是让人很没面子的行为。**曾国藩曾说："予人一分面子，人必予两分面子。伤人一分面子，人必损十分面子。为人处世，面子不可不慎。"**此话很有道理，人要脸树要皮，给他人留份面子又何妨?

同事之间，别人的家庭私事、人脉关系、人际交往、生理缺陷、个人癖好等都属于个人隐私范畴，这些事情跟工作无关，和自己也没有什么关系。对于这样的事情，我们的态度完全可以"事不关己高高挂起"。

8 赠人玫瑰，手有余香

道人善　即是善　人知之　愈思勉

【原文解释】赞美他人的善行和美德，这种行为本身也是一种美德。如果别人听到你的称赞，就会更加勉励自己和他人行善。

现在，宣传他人善行和美德的事不多，看看企业里，又能有多少人会赞美他人的?太少了。我们总是条件反射似地把别人的美德和成绩缩小一些，把自己的放大一些，再极端些就是只宣传自己的"美德"了。

在企业里，应该多鼓励、多赞扬他人。假如有位同事表现很好，但领导没有发觉，时间长了他的内心会有失落感。作为同事，公开场合或私下里，就应该把同事好的表现说出来；同时，如果有机会跟领导沟通，也要把他所做的贡献如实告诉领导。这样，这位同事会觉得很安慰，就会更加努力地投入工作。领导也会觉得你是个重全局、大公无私之人；这位同事也会对你有感激之情。如此互相欣赏，同事团结，企业哪能不蒸蒸日上！

企业领导在弘扬企业正气方面应该起到模范带头作用，“上梁不正下梁歪”，没有领导的身体力行和带头作用，就很难有很好地落实，因为领导的行为更容易被员工效仿。很多企业的规章制度没有很好的落实，关键就是领导没有好好遵守。

“道人善”不是拍马屁，“道人善”是真心的流露，是自己内心的触动与认同；“拍马屁”是为了某种目的而去夸耀别人，内心或许并不认同。这两者在结果上也是不一样的：“道人善”后，自己会去实践和学习；而“拍马屁”，拍拍也就结束了，不会影响自己日后的行为。

佛家的“随喜”也是从内心“道人善”，佛家更强调自己的用心，“随喜”是真诚的、发自内心的。在佛家看来，善行是在积功累德，而发自内心的“随喜”，具有与善行之人同样的功德。

赞叹别人的善行，一方面能激励自己，再接再厉地去做好事；另一方面，也能让更多的人闻知善行，增加善心，升起效仿之心，培养和聚集更多善的力量。这样可以改变当前好事不做、好事难做、做了好事担忧的怪现象。社会的合理秩序就像一个天平，微小的不平衡就会发生较大倾斜。所以，我们必须努力让天平往善的方向上倾斜。

宣传别人的善行，会形成良好的示范效应，是一种正能量的释放，你影响我，我影响他，“赠人玫瑰，手有余香”，不断弘扬正气，使得社会更加和谐有序。

美德像一颗颗种子，种在合适的土壤里，就会发芽成长，成熟结果，从而又形成更多的种子。种子越多，绿荫越多，最终连片成林，造

福我们大家。

⑨

宣扬别人的恶，竟然也是恶

扬人恶　即是恶　疾之甚　祸且作

【原文解释】宣扬他人的恶行，这种行为本身就是在做恶事；对别人过分指责批评，就会很容易给自己招来灾祸。

互联网确实使我们获取新闻、知识等更加方便，但它同时也是一个藏污纳垢之地，各种负面、虚假的信息泛滥。在网络上，宣传恶行似乎更加符合很多人的口味。在网络上，如不进行谩骂似乎就不代表正义，殊不知，恶性攻击别人本身就是一种恶。网络容易夸大一些负面新闻，或者制造一些虚假的信息混乱视听。有人说，**自己有言论自由，但这种自由也必须建立在真实的基础上，不能给别人一种恶的昭示，不能影响其他人追求美好的自由，否则也就是恶行了。**

周克华，一个杀人狂魔，专门枪杀别人的头部，竟然被称为“爆头哥”，这是一个略带佩服的词语，竟然被广泛使用。在网络的点评上，还有不少人对其表达了羡慕之意，这给读者一个什么样的心理暗示？幼儿园杀小孩一事被报道，后面接连出现该类事件，难道没有对恶人心理暗示的结果？还有富士康跳楼人员的“计数”报道，对一些有心理压力者敢说没有更多的暗示和诱导？在报道这些新闻时，其实也应该考虑到它对一些“恶人”有没有某些启示才对。

还有一些八卦新闻，喜欢追踪报道一些捕风捉影之事，把明星的私生活曝光。结果呢，离婚的多了，劈腿的多了，吵架的多了，使得一些本不打算离婚者，也认为离婚的那么多，离了算了。一有明星离婚，就开始有人“怀疑爱情”，这哪儿归哪儿啊，几个明星就能代表社会整体吗？**对于“恶”争相报道；对于“善”篇幅有限，还要“质疑作秀”！社会道德和思想的滑坡，媒体是否起到推波助澜的作用了呢？**

关于老人摔倒扶不扶的争论，现在已经被很多人接受：不能扶，认为好人难做。这代表社会主流吗？**大部分老年人摔倒被扶是不会讹人的，那种事件只是万中有一，但被新闻不断放大后，给广大的民众什么样的心理暗示呢？万分之一的概率事件，被放大普及，使得民众不敢再做好人，这宣传是否也是一种恶呢？**不能把某个人的恶扩大到某个群体上，这样就会伤及无辜。

同样在企业中，如果宣扬的都是负面的，员工哪还有精力投入工作，肯定严重影响企业的运营和员工的工作效率。所以，有企业呼吁要坚决去除有负面思维的人，不无道理。

宣扬他人的恶，给想改过的人容易造成二次伤害。甚至让其变得破罐子破摔，恶上加恶，我们嘲笑他，其实就是帮凶。一旦过分批评，超过“恶人”所忍受的极限，就会“狗急跳墙”，也容易给自己带来灾祸。

恶不是用来宣扬的，是用来“惩”的；在宣传上应是“扬善隐恶”，这是善恶区别对待的智慧。

⑩ 该如何规劝同事的过失

善相劝　德皆建　过不规　道两亏

【原文解释】朋友之间要懂得互相劝善，共同建立良好的品德修养。如果有过错不能互相规劝，那么两个人的品德都会有缺陷。

从上文可以看到，古人对于“短”、“恶”和“过”有不同的处理态度：

“短”，是指短处、缺陷，是身体和心理上的，不影响他人，处理方式是不揭、不说。

“恶”，是一种严重的错误行为，给他人造成恶劣的影响，处理方式是不宣扬（但可以惩治）。

“过“，是指一些小错误、小毛病，有意无意而为，处理方式是规劝。

对他人的过错，尤其是自己的亲人、朋友、同事，不要怕说出后对方生气，有些过错如不及时指出，或许还会犯同样的错误，甚至小错铸成大过。规劝向善，双方品德都在提升。**“善”的标准是什么？“善”就是能为别人着想，“不善”是不能为别人着想或根本不为别人着想。**

规劝朋友或同事，要注意场合、时机和方法，一定要考虑对方能否接受，“攻人之恶勿太严，当思其堪受；教人之善勿太高，当思其可从”。

第一，一定是在两个人的时候，其他人在场就绝对不能讲。这也是对朋友或同事的尊重，对方比较容易听进去，规劝的效果也比较好。如果方法不对，对方不能接受，就达不到规劝的效果。稍有不慎，朋友不但不肯改，甚至还会起抵制、逆反的心理。

第二，规劝应建立在信任的基础上。《论语》云：“君子信而后谏，未信，则以为谤己也。”即在得到朋友信任后才能劝谏，如果没有达到信任的程度而去劝谏，他会以为是在诽谤他。**如果我们与同事相处时间久了，觉得对方信任自己，才可以劝说。**如果到一家公司没有多久，就提出同事的一些问题，那同事肯定认为自己爱挑刺，反而会被同事攻击。

第三，规劝的态度要诚恳，站在对方立场去想，不能有嘲笑之心。让对方放下情绪，又不伤其面子。和同事交往过程中，对于他人要往好的方面劝勉，不要借机煽风点火。比如，同事因为一些事情受到了别人的误解，在听完其诉述后，可以劝道“算了，不跟他一般见识”、“估计他已经知道自己错了”等，大事化小、小事化了，切不可火上浇油。

第四，还要自己有德行。**如果规劝没有效果，那自己要检讨自己，“德未修，感未至”，如果真正有了德行，规劝时，别人是容易被感化的。**“行有不得，反求诸己”，如果事情做不成功，目的没有达到，就要自我反省，多从自己身上找原因。

当然，如果最终同事听不进去，也没有改进，那也就不要再规劝了。子曰：“忠告而善道之，不可则止，勿自辱也。”意思是说，提出忠告，善意地开导规劝，如果对方不听就算了，不要再自讨没趣了。

⑪
吃点亏，广结善缘

凡取与　贵分晓　与宜多　取宜少

【原文解释】财物的取得与给予，一定要分辨清楚，多给别人，自己少拿一些，才能广结善缘，与人和睦相处。

“凡取与，贵分晓”，就是要了解经营之道，所得的财物，要看来路正不正，不义之财不能取。所得的财物要看合不合法，合不合道义，即是“贵分晓”。如果不合道义就不能要，否则就可能会身败名裂，这样的教训太多了。

还有一层意思，比如在公司里，要弄明白所得与付出。不要天天抱怨自己得到的太少，而是要掂量掂量自己到底付出了多少。有些人总是觉得自己付出的多，得到的少。真是如此吗？按照常规推理，付出与收获长远看肯定是公平的，即使出现一些不平衡，那也是短期的波动。有才之人，肯定会有相匹配的工作环境。**所谓的怀才不遇，那也是自我的感觉，或者压根儿就没有才，如果有才早就突破重围了。**或者确实有才，还是认为没有发展空间，那肯定是自己德行出了问题，没有做到“与宜多，取宜少”。

小时候，我们喜欢与人争，东西也喜欢和别人抢，总想多得到一些，不喜欢吃亏。但我们又都喜欢和吃亏的人打交道，不喜欢占便宜的人，这种矛盾如何解决呢？财物就那么多，有人占便宜就必然有人吃亏。

与客户合作是选择占便宜，还是吃亏呢？结论是：吃亏！是不是太傻了？逆向思维下，如果不吃亏，不让客户赚到便宜，下次客户还会和你合作吗？只有在合作中肯“吃亏”，让自己有被客户“利用”的价值，客户才会多想着和你合作。

财散人聚，财聚人散。冥冥中自然界好像在对人们的贪婪习性进行调节。**要想得到更多，就需要每次让别人多得，这样才能有更多的合作；要是一次占尽了便宜，以后就难有合作。所以，感到别人“利用”了自己，占了自己便宜，别烦恼，应该庆幸。如果自己连被别人“利用”的价值都没有了，那才是真的烦恼。**

一个小孩子，如果别人让他从两个一大一小钱币里拿走一个的话，他每次只拿小的那个。人们很好奇，因为这不符合常理，都觉得孩子会选择大的，于是就找他“测试”，发现还真是这样。最后，小孩子透露了一个秘密：“如果我拿走大的，还有人再这样让我选吗?”虽然这个故事是否真实不得而知，但确实给我们一些启示，看似“傻”，实则蕴藏着大智慧。

原来，吃亏就是“赚便宜”！世间的事就是那么神奇，**越想争着去得，越难得到；越不在乎、越不去争，反而得到的越多。**

范蠡，春秋时期人，被后人称为“商圣”。白手起家，经商成为大富大贵，然后又布施出去，一生三聚三散，被后代许多生意人供奉为财神。

人到无求品自高，团队成员如不在乎自己的得失，这个团队就会更和谐、更有战斗力。

⑫ 己所不欲，勿施于人

将加人　先问己　己不欲　即速已

【原文解释】要求别人做的事情，先反省问问自己愿不愿意做，如果自己不愿意做的事情，就赶快停止，不要勉强别人。

《论语》中说："己所不欲，勿施于人。"待人就要用这种原则：不喜欢别人怎样对待自己，就不该怎样对待别人；喜欢别人怎样对待自己，就该怎样对待别人。

企业中，经常发生上司与下属工作安排上的矛盾。下属觉得上司言语刻薄，安排的工作多或者无从下手，上司觉得下属推三阻四，执行力不强，于是造成了工作的不畅。那该怎么办呢？**要从执行者角度换位思考，想想此工作的合理性，任何要加于别人的言语、行为，首先问自己这样的言行，如果是自己会接受否。如果不能，就不能这样对待别人。**

比如公司制定的一些规章制度，对员工条件苛刻，上下班时间要求、工作量要求、工作态度要求，销售人员出差定位，还有的用摄像头监视等，这些领导也愿意如此吗？如果领导以身作则，可以接受，那就可以全员推广；**如果领导自己都不愿意，那还怎么能奢望员工老老实实遵守呢？特权思想的作怪，是很多企业令行不通、执行力差的原因之一。**自己感同身受，就会避免盲目乱做一些决策。

一位“培训大师”，在培训时互动很多，并分小组竞赛。获得分数最低的小组要做俯卧撑，手段比较“惨烈”。他自己做不了那么多俯卧撑，但还是逼着分数低的团队在大庭广众之下做那么多，让他们“服帖”。这些损招，就没有想想当事人的感受？

冯巩和牛群有一相声《瞧这俩爹》，里面有冯巩对牛群严加管教孩子的建议，吊头发、锥子扎屁股、老虎凳辣椒水等，牛群问冯巩也是如此教育自己儿子吗？冯巩笑了：“自己儿子哪能下得去手啊。”

这虽然是个笑话，但也反映了很多人的心态，要求别人都是一套一套的，对自己那就不一样了。

东汉末年，曹操和袁绍作战处于下风，许多部下对胜利没有信心，与袁绍秘密进行联络，以备后路。后来，曹操打败了袁绍，缴获了这些联络书信，曹操让人把书信烧了。有人问曹操，为什么不查查是哪些人和袁绍勾结。曹操说：“这些跟我打仗的人谁没有家庭儿女，在绝望时我也会找出路。当时，我也没有信心，何况他们？所以不追问了。”曹操推己及人，让军心愈加振奋。

我们喜欢“管”别人，喜欢当“官”，潜意识里就是觉得要有人听从自己的了。**一天可以宽恕自己很多次，但对别人的过失却不原谅，这公平吗？**如果以宽恕自己的心来宽恕别人，以责备别人的心来责备自己，这样，自己的人际关系就会有大的改观，很多事情就可以妥善解决。

13 学会积极地看待问题

恩欲报　怨欲忘　报怨短　报恩长

【原文解释】他人对自己有恩，要时刻想着报答对方，与别人结下了仇怨，要尽快忘掉。抱怨不过是一时的事情，越短越好；而报恩才是长远的事情，要长久地记住不能忘。

《弟子规》中多次提到感恩，恩情确实很重要。在我们的一生中，会得到很多人的帮助，父母、老师、同仁等给我们生命、智慧和事业，帮我们一步步的成长。每一次的转变、进步和成绩都少不了他人直接或间接的帮助。

狄仁杰是武则天时代的名臣，有一次，武则天对他说：“虽然你政绩突出，可还有许多人说你的坏话。你想知道他们是谁吗?”狄仁杰说：“臣本不才，别人批评臣，正是对臣的监督和爱护。如果陛下认为臣做得不对，臣愿意明白自己的过失并改正；如果陛下明察，认为臣做得对，不相信流言，那是臣的荣幸。既然如此，臣何必知道他们的姓名呢？”武则天听后，大为赞叹。

我们应该有开阔的心胸，同样的一件事情，不同的角度去看就能得出不同的结论。**比如别人为难我们，如果负面去看，认为别人故意找茬，就产生了仇怨；如果反思自己，发现了自己的不足，就找到了努力的方向，这样的心态看待事情，我们反而要去感恩别人。恩与怨的差异，主要是看待问题的角度，恩、怨就在一念间。**

乞丐搬砖就是这样的一个故事。一名慈善家遇到那些能劳动的乞丐不会无偿施舍。一次，只有一只手的青年乞丐来乞讨，他指着门前一堆砖对乞丐说：“帮我把这些砖搬到后院去吧。”乞丐生气地说：“我只有一只手，怎么搬呢？”慈善家用一只手搬起一块砖，说道：“这样的事一只手也能做的！”乞丐只好用一只手搬起砖来，搬了两个小时才把砖搬完。乞丐似有所悟，临走时很感激地说：“谢谢你，我不会忘记你的。”若干年后，这位乞丐靠自己的拼搏，大获成功，还专门找到这名慈善家登门谢恩。

与别人结仇怨，容易产生闷气、闲气和怨气等，这些气对身体健康危害都很大，是诱发多种疾病的重要原因。这些气，会造成吃饭不香，睡觉不安，心情压抑、烦躁，会影响人体的正常生理功能，使人体免疫力下降，疾病会乘虚而入。满腹牢骚、怨天尤人，工作消极，与同事难相处，也影响工作。与人结怨，既伤身，又不利于事业，确实是“拿别人的错误来惩罚自己”。

同事相处难免会发生冲突，有怨放在心上，只能带来无穷的烦恼和病苦。**当放下怨恨的时候，会突然发现，生活如此美好，真是“退一步，海阔天空”。原谅了别人，其实也就是原谅了自己。**

净空法师说：**“感激伤害你的人，因为他磨炼了你的心志；感激欺骗你的人，因为他增进了你的见识；感激鞭打你的人，因为他消除了你的业障；感激遗弃你的人，因为他教导你应自立；感激绊倒你的人，因为他强化了你的能力；感激斥责你的人，因为他助长了你的定慧。”**仁者无敌，确实应该感恩，包括感恩那些在我们看来妨碍自己的人，是他们使我们的每一步走得更加坚实。

⑭ 员工不是赚钱工具，而是“人”

待婢仆　身贵端　虽贵端　慈而宽

【原文解释】对待婢女和仆人，自己要品行端正、以身作则。品行端正了，还要做到仁慈和宽宏大量。

在企业里，“婢仆”可以理解为下级。对于这些人来说，上级是他们学习和努力奋斗的方向，上级一定要自己坐得端正，才能让别人学习，即以身作则，同时对他们要用仁慈、宽厚的态度，关心他们的感受和成长。

很多企业主和高层领导一直奢求先进的管理经验、营销技巧，天天想着创新，却很少关心基层的员工在想什么。很多技巧和方法都不如直接把基层员工的工资大幅提高来得效果好。员工如果待遇高，还何必进行那么多的培训教育？因为员工担心失去这么好的机会和岗位，自己会努力学习的。

一家企业，谁的工资待遇最高，谁的又最低？同样都是忙碌一天，为什么有那么大的差别？有没有想过基层员工是怎么想的？直接影响产品销售的人，比如导购、基层销售人员、生产工人等，给了他们什么待遇？他们稍微疏忽，就会带来一个客户的丢失，多么关键的岗位！可待遇呢？拿着不高的工资，还被要求那么多，换工作又不困难，还拿什么激励他们？

别说员工不忠诚、不努力，自己对员工又做了些什么？扪心自问，是把员工当作了赚钱工具，还是把员工当作一个人对待的？**一位经销商老板说："你把员工当作牛，那他就是一个人；把员工当作人，那他就是一头牛。"**仔细想想，还真的很有道理。

有一个统计，一家小饰品店面，店老板自己销售一天的业绩是请一名导购的两倍。除了能力之外，其他因素呢？那就和老板的态度、员工的激励考核有关，对员工刻薄寡恩，员工也不愿意拿着一点可怜的工资卖力工作。**不要抱怨员工不投入，想着他们的收入与付出就知道原因了，谁拿着卖白菜的钱会去操着卖白粉的心呢？**

员工为什么会在一家公司呆得长久？不错的收入，不错的工作环境，还有上司待人也不错。在工资差异化程度不大的情况下，员工离职多数原因是因为上司对待员工的态度。如果上司“慈而宽”，员工可以抵挡住高于现工资20%～30%的诱惑！看看“慈而宽”值了多少钱！

孔子说：“其身正，不令而行。其身不正，虽令不从。”意思是上司自身做事正当，不用命令，下属自然会照做。如果自身做事不正当，即便发号施令，下属也不会服从。**现代企业推崇西方的管理思想，强调机制、流程、网络化管理等，却忽视了管理最根本的是“人”，以人为本，以关爱、德行引导人，使其自觉、自发地工作，这才是管理的最高境界。**

⑮ 少摆架子，以理服人

势服人　心不然　理服人　方无言

【原文解释】用权势去制服别人，对方难免口服心不服；只有以理服人，才会让别人心悦诚服。

人在拥有权势之后，很容易迷失方向，自认为拥有了一定的地位，就能以势压人，而没有考虑权势是一种责任。

上文曾提到，企业管理者的影响力依次为：人格魅力（德）、专业影响（才）、岗位权力（权）。岗位权力就是属于“权势”，在影响力方面排名最后，权重只占约10% ~20%。**所以用权势去压制别人是下策，下属可能因为职位关系口头上答应，但心里是不服的，这样在执行中就很难保证结果。**如果对下属太刻薄，他们会阳奉阴违，表面恭敬，背后数落，暗地里制造事端，就得不偿失了。

在以理服人这点上，咨询公司会比一般企业落实得好。咨询公司主要是以智慧输出为主，所以在一些策略和创意的输出上，会遵从专业人士的意见，而不是凭职位的高低；而一般企业的决策领导说行就行，一般员工在意见表达上往往比较保守，但在执行时，会说三道四。所以，**企业应该改变决策流程，在关键事项和涉及员工工作事项上，充分听取员工意见，建议应该是由下而上，而不是由上往下压。**最终形成的事项，都是来源于员工，这样才能以理服人，让员工无话可说。

企业员工不满什么？很多人认为上司以权势压人，让人不舒服。团队中，不能唯亲、唯近是用，也不能看着不顺的、不听话的就打压。

教育子女也需要以理服人，为什么书香门第会出人才？父母德行不好的，子女学习成绩往往也不好。这些都是父母教育孩子时，不能以身作则的缘故。**仗着自己是长辈，训斥孩子不能看电视，不要玩游戏，而自己却沉迷于其中，孩子怎么服气？**

纵观中国几千年的历史，只要是用武力打下来的天下，那个朝代延续的时间都不会长。而用道德、孝悌来教化民众，以身作则的朝代，历史都会比较悠久，而且对于后世影响颇深。同样对于企业来说，**要打造百年品牌，没有很强的仁德企业文化来支撑，没有企业领导带头的上行下效，最终也都存活不了几年。**

慧度培训

企业员工弟子规：
用心做小事，成就大事业

第七章
而亲仁

《弟子规·而亲仁》是分叙的第六部分，告诉我们仁爱为本，要努力去做仁爱之人，这样方能立足于天下。

本章讲人是有区别的，人性本善，但习性本恶，同样是人，可是良莠不齐，流于世俗的人多，品德高尚的仁者稀少。仁者往往身正行正，特立独行，如果能够亲近他，向他学习，那么过错就会减少，德行就会增长。反之，接近小人，就会堕落，对小人应该敬而远之。

"正能量"一词源于英国心理学家理查德·怀斯曼的专著《正能量》，其中将人体比作一个能量场，通过激发内在潜能，可以使人表现出一个新的自我，从而更加自信、更加充满活力。仁德就是最好的正能量释放。

❶ 仁者多福

同是人　类不齐　流俗众　仁者稀

【原文解释】同样是人，却是良莠不齐，流于世俗的人众多，品德高尚的仁者，是非常稀少的。

关于人性本善还是本恶，一直是争议的话题。《三字经》开篇即讲"人之初，性本善"，有人说不对，很多人杀生、偷盗、邪淫、贪婪等，哪来的善，又如何解释？要相信老祖宗说的是对的，《三字经》接下来讲“性相近，习相远”，这是说我们的习性差异很大，有的成了圣贤，有的变成凡夫俗子，有的变成小人。

人性本善还是本恶的标准答案是**“人性本善，习性本恶”**，人都有沾染“财色名利”不良习性的嗜好，本来是可以成为仁者、成为圣贤的，就是它阻碍了我们，但可以通过教育而改变。

“仁者”就是真正想要做圣贤的人。或许有人有疑问，为什么要亲近仁者，要做仁者呢？人的一生在追求什么？幸福！人都渴望“五福临门”，**五福包括长寿、富贵、康宁、好德、善终，这些都是仁者才具有的。**“仁者爱人，人恒爱之”，仁者充满慈爱之心，具有大智慧，大家都爱他，都愿意和他合作，拥有的机会多，自然容易实现“五福临门”。现在的情况是，**人们都在追求幸福的生活，但却做着背道而驰的事情，贪图眼前的一点名闻利养，殊不知有的是糖衣炮弹！**

亲近仁者，也要有智慧才行，现在鱼龙混杂，发现真正的仁者也不是件容易的事情。**仁者不一定是名人，不一定是家财万贯者，也不一定是粉丝多者。**因为有些名人可能靠潜规则上位，财富多者可能靠不正当手段所得，粉丝多者可能是邪淫、妄语所致，这些都不属于仁者。

“仁”是个会意字，二人，想到自己就能想到他人，就是处处能替人设想的人。**什么才是仁者？**

可以从几个角度来看：

第一，存心仁厚，不贪财色名利，讲究道德。

第二，态度谦卑，稻穗愈丰满，它就垂得愈低。

第三，能够以身作则，说到一定做到，甚至于是先做到了才说出来。

做到以后才说是圣人，说了以后能做到是贤人，说了以后做不到叫骗人。

为什么“流俗众，仁者稀”？因为缺少圣贤教诲，再加上环境的“污染”越来越严重，人的习性越来越“恶”，怎么办？先从自我做起，要能抵挡外界一些不良的诱惑，保证自己不随波逐流。等到自己能力慢慢增强了，就可以影响他人。

❷ 无欲则刚，何须谄媚

果仁者　人多畏　言不讳　色不媚

【原文解释】真正的仁者，大家都敬畏他，他们说话公正、直言不讳，不会奉承讨好别人。

真正的品德高尚之人，都是清高优雅、正直无私的，说话无须包装。我们大部分是凡夫俗子，跟他们相比，都或多或少有一些不足。

自己到底有什么样的缺点，在独处时基本上都显露出来了。为什么说君子慎独，就是哪怕君子在独处的时候，也要谨慎。“慎独”就是在无人监督的情况下，凭着高度自觉，按照道德规范行动。对照一下，**自己有没有在私下里做了不道德之事，一见到众人却掩盖自己所为。**殊不知，别人看自己，也能像自己看自己一样清楚，“坏事传千里，好事不出门”，不要掩耳盗铃，掩盖又有何用？

慎独是进行个人道德修养提升的重要方法，是评定一个人道德水准的关键环节，也是对自我约束的极限挑战。

仁者说话非常正直，有时候也没有忌讳，是什么就说什么。很多人或多或少都没有做到“慎独”，碰到直言不讳者，在情面上还是有些放不下。这些内容听起来可能不是好听的，但只要真正接受，自己就会有所提升。

真正仁慈、有道德、有学问之人，心地光明正大，无欲则刚，当然就不会谄媚，巴结奉承别人。

海瑞是明朝著名的清官，人称“海青天”。明朝后期宦官当政，社会很乱，但凡海瑞到过的地方，官吏因害怕海瑞的威严，很多贪官污吏纷纷自动辞职。有的显赫权贵的家门是红色的，听说海瑞来了，改漆成黑色的。海瑞兴利除害，百姓得到了兴修水利的好处。有贫苦百姓的土地被富豪兼并的，最终被夺回交还原主。所以，海瑞深受百姓的爱戴，海瑞去世时，南京人民都去送别。

真正的仁者，只要把圣贤的教诲有效地实践，绝对会让人感动。**一个真正有德行的人，他的精神生命是无限延续的。**所以，**如果有更多的企业接受圣贤教诲，并做好社会大众示范，社会上许多不良之风、错误的观念，就能逐渐被扭转。**

③ 与品德高尚的人多交往

能亲仁　无限好　德日进　过日少

【原文解释】能够亲近品德高尚的人，对我们有特别大的好处，能使我们的德行与日俱增，过错逐日减少。

南北朝时期，有个叫吕僧珍的人，为人正直、有智谋、有胆略，深受人们尊敬。当地有一个人，特意花重金买下了与吕僧珍为邻的房子居住。有人问他花了多少钱，这人说花了一千一百两银子。对方大吃一惊，说那所房子根本不值那么多钱。这人笑着说："其中一百两银子是用来买房屋的，一千两银子则是用来买邻居的。"问话的人恍然大悟，并深表赞同。这就是"千金买邻"的故事，能与仁德之人亲近，价值是很难用钱来衡量的。

能够亲近有仁德的人，向他学习，是非常好的事。一个人的理想和受教育程度，决定了他的习惯与生活方式。"亲仁"与"不亲仁"其实就是一个人的思想与习惯对人的影响。习惯是一种巨大而顽固的力量，好习惯是慢慢培养的，而坏习惯犹如野草一般，一旦疏忽就会蓬勃地蔓延起来。

印度谚语说："播种一种行为，收获一种习惯；播种一种习惯，收

获一种性格；播种一种性格，收获一种命运。”

一个人要养成良好的习惯，应该经常训练和培养。没有守时的习惯，会浪费时间；没有守信的习惯，会失去别人的信任；没有坚定的习惯，无法坚持到底。只有靠坚定的意志，反复做出正确的行为，经过一个艰苦的过程，才能养成好的习惯。

要在企业中有所发展，选择好老师至关重要，要通过听其言、观其行，看他是否存心仁厚、处处谦卑并且能够以身作则。一旦找到了由衷钦佩的老师，就**要用至诚恭敬的心去学习，恭敬才能受益匪浅。**

中国人对于君、亲、师特别恭敬。在企业里，同事之间也可以当作君、亲、师。“作之君”，能够遵守公司规则，以身作则；“作之亲”，同事之间互相关怀，好的东西不吝分享；“作之师”，同事有不明白的，给予无私的指导。

❹ 对“小人”敬而远之

不亲仁　无限害　小人进　百事坏

【原文解释】不肯亲近品德高尚的人，就会有无穷的祸害。品行不好的小人就会乘虚而入，影响自己，导致整个人生的失败。

如果不肯亲近道德高尚的人，品行不好、没有出息的人会乘虚而人，带来无穷的祸害。

亲仁的好与不亲仁的坏是显而易见的，最典型的案例莫过于历代帝王的浮沉。盛世是因亲贤臣远小人，衰落是因亲小人远贤臣的结果。

齐桓公早年任用管仲，九合诸侯，一匡天下，成为春秋五霸之首。晚年宠信易牙、开方和竖刁三个小人。管仲病重时，齐桓公问谁可以接替他，易牙、开方还是竖刁？管仲说："易牙杀掉孩子来讨好君主，不可以；开方以不回家看父母来讨好君主，不能亲近；竖刁主动阉割自己来讨好君主，也不行。"然而管仲死后，齐桓公不听管仲的话，重用了这三个人。后来，齐桓公被他们围在高墙之内，最终被活活饿死了。

什么是小人？就是自私自利、胸无大志之人。广义上，网络、电视、杂志等媒体上的一些暴力、凶杀、色情等节目，乃至在街上看到的一些引人邪思的广告，也属于小人。

在自己德行还没有稳固、价值观还没有确立时，不良环境就潜移默化地影响着我们的行为。所以环境非常重要，对于一些没有德行的朋友、不良的媒体，要敬而远之。

在"小人"面前，自己的各种不良习气很难把持住。比如同事之间，听到同事在议论他人是非，为了显示观点一致，就会附和几句，绘声绘色再数落这个人一番。**和那些喜欢自吹自擂的人接触多了，自己也就开始炫耀财物、资历、头衔或过去的成就。**和"小人"在一起，增加了我们的负能量，“宁可终年不读书，不可一日近小人”。

积极、乐观、德行好的人带有正能量，悲观、绝望、德行差的人刚好相反。装了一半水的杯子，乐观的人看到的是半杯水，悲观的人看到的是半个空杯，所以要多积蓄正能量。

第八章
余力学文

《弟子规·余力学文》是分叙的第七部分，主要是“德才兼备”的介绍。

在古人看来，“德才兼备”是德在先，德是最重要的，是在孝、悌、谨、信、泛爱众、亲仁这些行为规范后，如果有余力才去学文。现在我们的环境好像全变了，想学的、交流的都属于“才”的部分，真正对于“德”的学习和研究少之又少。

古人读书志在圣贤，受教育的目的是“做人”，做一个有道德的人；而现在人读书志在赚钱，学习各种如何赚钱的方法和工具。两者有了不小的差别，但不论怎么样，“学文”还是比什么都不学好些。

现在，各种书鱼龙混杂，一定要用智慧的眼睛去选择。要选择生命力久的，要选择圣贤书。设想一下，以前的经典为什么能够留存至今？这是经过多少代人的洗礼和沉淀才留下来的，怎能不是经典！通过对传统经典的学习，无疑会拥有更多的“正能量”。

从企业的角度来讲，企业员工应该努力在拥有良好品德的基础上，再学习各种知识技能，提高工作效率。

看看李嘉诚的一分钟自我介绍，会不会给我们一些启示？

我是李嘉诚，12 岁就开始做学徒，还不到 15 岁就挑起了一家人的生活担子，再没有受到过正规的教育。当时自己非常清楚，只有努力工作和求取知识，才是我唯一的出路。有一点钱我都去买书，记在脑子里面，才去换另外一本。到今天，每一个晚上，在我睡觉之前，我还是一定得看书。知识并不决定你一生是否有财富增加，但是你的机会会多了，创造机会才是成功最好的途径。

❶ 只学不实践，华而不实

不力行　但学文　长浮华　成何人

【原文解释】不身体力行上述所教的孝、悌、谨、信、爱、仁，纵有知识，也只是增长自己华而不实的习气，又怎能成为一个真正有用的人呢！

《弟子规》现逐步成为小学生的启蒙读物，很多人都背得很熟。这些内容是否能应用到日常生活中，却是一个很大的问号。它需要一条条地去落实，会背诵只是万里长征的第一步。停留在文字上的是知识，落实到工作生活中的才是智慧。

有些人知识懂得很多，在和别人交流时，洋洋洒洒，大道理说一堆，但自己却没有落实。现在人动不动就说这智慧那智慧的，其实都属于知识的范畴。**用净空法师的话说，“儒学、道学、佛学”这些是知识，“学儒、学道、学佛”这些才是智慧。**写到文章里、学术交流的只是知识，而智慧是通过用心实践而得到的。

战国时期的赵括，熟读兵书，非常善于谈论兵事，很少有人能理论过他，但他没有什么实际带兵经验，只是纸上谈兵。结果，在一次带军打仗中惨败，把自己性命都搭上了。没有人想成为赵括这样只会纸上谈兵的人，学习到的知识，还要在工作、生活中去实践。

在企业中，有些人浮于表面，在制定企业制度、规划企业发展时，往往是空中楼阁，很难落地，没有什么实际意义。“力行”与“学文”的关系很像企业的销售部与市场部，销售部是执行部门，为了达成目标而努力拼搏，但容易只看眼前，忽视长远，急功近利而走偏；市场部主要是营销策划部门，想尽各种销量提升策略，但容易华而不实。企业里经常出现销售部抱怨市场部的策略脱离了市场，达不到实际效果。

理论与实践不相结合，容易出现偏差，如果只懂得道理，而不去落实，是很难有说服力的。现在弘扬传统文化，为什么难以让别人接受？因为一些所谓的“国学大师”，台上讲的和台下做的都相悖，自己都不身体力行，如何能让别人信服呢？

我们睁眼闭眼看到的、想到的都是自身以外的世界，一直想去改变的，也是外部的人、事、物，却很少向内审视自己的内心，很多事情自己内心的转变才是根本。

② 只做不钻研，难有正见

但力行　不学文　任己见　昧理真

【原文解释】只是一味盲目去实践，而不钻研书中的学问，就容易

按照自己的偏见做事，就不能明白世间万物的真理。

上文介绍只学文不实践是不行的，但只强调实践，不钻研学问也是不行的。没有正确的判断和方向指引，会走弯路。每个人都习惯凭自己的经验进行判断，如果这种经验是错误的，那就得不出正确的结果。

现在喜欢看书学习的人少了，更多的是围绕着手机屏、电脑屏和电视屏“三屏”而生活。这些如果不加以控制，是一个人颓废的节奏。

在企业中，什么样的人事业发展快？如果只凭经验，不提升总结、归纳和把握趋势的能力，就很难在企业中得到提升。**有人很纳闷：为什么那些埋头干活的提拔慢，反而那些能言善道的人提拔快？认为这很不公平，其实这些人是会总结、善思考，多把自己的建议、想法和领导分享。**

企业员工的学习，有几种不良倾向。

第一种是不学，理由是忙，其实忙往往是一个借口。

第二是乱学，喜欢听一些高喊口号的“高大上”课程，听多了，也不知道自己该怎么去做了。

第三种是盲学，只要是成功者所做的、所说的，都认为是对的。其实一个人、一家企业的成功有多重因素，外在的背景、时机，内在的德行、资源等，我们了解的只是一部分，切不可把一个点的成功扩大到一个面的成功。

有成语“知易行难”，但**“知”真的容易吗？现在信息量巨大，虚假信息充斥，想从中得到真知灼见，并不简单。**略懂一点皮毛，就以为了解了事物的真相，难免犯错误。

笔者所在的咨询公司在服务企业时，经常听到企业说“这些我们都知道”，真的都知道吗？在大量真假交融信息中甄别并提炼出“真知灼见”，没有深入地研究和学习是不可能做到的。

职位越高、专业越强，越容易造成经验主义，固执己见。但现实是知识更新很快，应该“活到老、学到老”。

3 读书用好“心眼口”

读书法　有三到　心眼口　信皆要

【原文解释】读书的方法，要讲究三到：心到、眼到、口到，用心思考、仔细阅读、口中朗读，扎实做到这三者才行。

受信息量和工作繁多的影响，人的注意力很容易分散，眼睛看着报告，口上跟人交谈，心里想着其他的事情，这样能做好事情吗？“心眼口”最主要的还是自己的用心。

微信常有人分享说自己爱好读书，三天读一本，或者一天一本，这样的读书效率看上去高，但效果呢？**如果一目十行，看了也没有读到心里去，能有多少收获呢？**当然，现在的书鱼龙混杂，有些书质量确实不高，但对于有思想的圣贤书，还是要用心揣摩，每次读书都会发现有新的收获。

关于记忆，外国人说用脑记，中国人喜欢说用心记。中国人说的心，并不仅仅指人的心脏，而是一种引申意义，即心灵、心智，是指人的思想、感情。

学习的时候，一定要一心一意，这样才能事半功倍。学习的目的不是只了解一点皮毛，关键是记到心里，通过感悟，反思自己的言行，不断提升自己。不能触动心灵、不能印刻在心里的学习，实际上也起不到什么作用，这样就等于浪费时间。

企业里的一些会议，不论是培训还是问题研讨，也要注意“心眼口”同时用上。对于他人所讲的内容用心听、用心记，眼睛注意所展示的文字，在交流时要积极发言。**会议是非常重要的一个集体活动，很多的领导、同仁、同行等都聚集于此，是最能展现自我能力的场所，把握好了就能快速为自己的事业“添砖加瓦”。**

集中精力做事，不但可以节约时间，也可以提高工作质量。工作的时候会发生“恍惚”，要避免这种现象，方法也是“心眼口”同时用。一旦养成工作时“心眼口”同时用的习惯，日后将受益无穷。

❹ 学习贵在专一、深入

方读此　勿慕彼　此未终　彼勿起

【原文解释】正在读这本书的时候，不要同时还想着其他没读的

书。做学问要专一，这本书还没有读完，就不要半途而废去读另一本。

学习不要贪多，恨不得一下子看很多书，贪多嚼不烂，最终反而得不到什么。

现在知识更新快，会容易贪多。其实有些书大同小异，只是作者写作的思路有些不同而已，关键是学到心里去，最终变为自己的知识。就像吃了各种各样的食物，最终通过自己身体的消化，各种物质分子重新组合，变成了自己身体的一部分。

宋朝初年，有个宰相叫赵普。有天晚上，宋太祖赵匡胤前去看他，见赵普正在挑灯夜读《论语》，十分奇怪，就问，《论语》是小时候学的东西，怎么还在读它？赵普告诉宋太祖：以前是用半部《论语》帮你得天下，以后要用另外半部《论语》帮你治天下。一本经典，在不同时期从中悟到的心得体会是不同的。

三百六十行，行行出状元，关键是要学精学专，企业需要专业型人才。**很多人干什么都想找到最好的，**与人打交道想找到最合适的，找咨询公司希望找最好的，请教专家希望是行业最权威的……这对我们有什么启示呢？那就是要做这些细分领域的“最”，“样样通样样松”。学贵以专，心有多专，见就有多深。

“此未终，彼勿起”，是告诉我们不要贪快，做事要坚持，不要跌倒在最后一步。**人们读书往往虎头蛇尾，开始很兴奋看一点，中间翻一**

些，结尾再瞅两眼，如此读书，要想了解个中真理、真谛，肯定很难。据历史记载，唐朝的科举、太学里有《论语》、《四书》、《五经》，几乎每一部经典所学习的年限都是一年。

读书如此，做事也是如此。企业里，有些人这件工作还没有做完，就去做另外一件。有的同事做事情很积极，但总是很难坚持到最后，新鲜劲儿过去后，就把这件事抛到脑后了。如此朝三暮四，顾此失彼，反而没有多少成就。

做一件事要到开花结果，到了花骨朵时期而放弃，岂不可惜！很多的成功，都是持之以恒的缘故。

❺ 功到自然成

宽为限　紧用功　功夫到　滞塞通

【原文解释】在制定读书计划的时候，把时间安排得充裕一些，而实际执行时，就要抓紧时间，不可懈怠偷懒。所做的努力了，原来不明白的地方自然而然就迎刃而解了。

在读书的时候，要把期限放宽，如果赶得急，就会错失书中的一些精彩。作者在写书时，都要花费不少的时间和心思进行精雕细琢，读者短时间粗略地读，怎么可能理解其中的深义。

读书计划如此，工作计划也是如此。在企业中一项计划安排后，经常是开始的时候认为时间多，不急不慢，到了最后感觉时间不够了，再匆忙去做。**在工作中，各种突然占用时间的事情都可能不期而遇，所以在制定计划时，要留有一点余地，同时在具体执行时，要“尽早不尽晚”，这样事情才会做得游刃有余。**

现在很多人喜欢看电子书。如果是打发时间的八卦小说，如此翻看消磨时间没有什么，如果是重要的**专业书、圣贤书，还是需要纸质版的，这样才有感觉，这样方便标记、研读，容易把自己的心提起来投入到书中。**

很多人读书很少重复，觉得重复浪费时间，其实不然。“读书百遍，其义自见”，这个说法是有道理的。比如读《弟子规》原文，每天用心读一遍，坚持一百天，很多意思自然就明白了，功到自然成。工作和读书相类似，我们不理解的内容，只要用心坚持做，重复做，次数多了，自热就知晓其中的道理。

在社会快、乱、躁的当下，人们都是急于求成，但没有努力的积累是不可能开花结果的，凡事要遵从自然的规律。

有个人做一件事情，做了一段时间后，还没有成功，心中很郁闷，于是去请教禅师。禅师没有直接回答他的话，就给了这个人500元钱，让其帮忙买辆车。这个人很为难，500元到哪里买车啊？禅师说，你刚做了一点努力就想有很大的成功，就像拿500元去买车一样，你付出的努力还远远不够啊。

做事情不能半途而废，如果功夫不到就放弃，那么以前的所有付出也就白费了。

6

工作做好四项记录

心有疑　随机记　就人问　求确义

【原文解释】学习遇到了疑问，要随时把它们记录在笔记上，一有机会就向别人虚心请教，确实弄明白真正的意义。

学习时要用笔记进行记录，在工作中也是如此。虽然很多人喜欢讲学历低者如何成功的故事，但还是学历高者成功的概率大，这其中重要的原因就是学习时的一些好习惯、好个性延伸到了工作中。

工作中有四项是需要记录的，日志、会议、重要事项及自己突发的闪光点。养成好习惯对于自己的成功大有裨益。

企业对销售人员一般都要求做工作日志，很多人员心不甘情不愿的，草草应付了事。工作日志不仅仅是对公司负责，对自己也是好处多多。**工作日志，能够进行一天的简单总结，让自己知道一天工作的效率、效果如何，对于浪费时间的事项可以及时发现并改正。**

参加会议时，要用心记录，把一些关键点都记录到本子上。会议进行时很多人不记录，应该是比较相信自己的大脑，更有甚者不用心听，真是让人感到可惜。**既然参加了这个会议，何不把心也放在会议上呢？**

即使和自己无关的工作安排，听听发言者的用语用词，对自己以后更好的语言表达也是一个借鉴。

重要的工作事项更应该及时记录，这些事情一旦错过，就可能出问题。记录在笔记本、日历本、电脑中还是手机里都可以，关键是不能忘记。

每个人在一些特定时刻都会有一些突发的感悟、闪光点、工作心得或事项解决方案等，这些都是可遇不可求的，有心的人应该把这些及时记录。即使周边没有纸笔，也可以及时记录在手机中，长期积累就是宝贵的财富。

对于自己不明白的，要及时探求确切的含义。

贾逵是东汉时期著名的学者，自小便聪明过人，由于家里穷，买不起纸和笔。读书时，每当遇到好的文章和不懂的文句时，贾逵借来笔墨记在门扇、屏风和自己制作的竹简上，然后找机会向人请教。

其实，**聪明是一方面，好的习惯则是腾飞的翅膀，这些需要不懈地坚持，没有人会随随便便成功。**

7 一屋不扫，何以扫天下

房室清　墙壁净　几案洁　笔砚正

【原文解释】书房要保持清洁，四周的墙壁要保持干净，书桌上要

保持整洁，笔墨等文具要摆放端正。

读书时，要求环境清洁、房屋干净、桌椅整洁、用具端正，在这样的环境中学习，个人的心就容易定下来。

这些要求可以扩大到自己的工作环境上。工作环境需要从外到内干干净净，有条不紊。这样能让人心静下来，快速投入到工作中。

环境能够展现企业的“精神面貌”，一家企业整洁有序、生机盎然，这家企业肯定是业绩良好、蒸蒸日上。如果企业物品摆放杂乱、死气沉沉，很难想象这家企业能有多好的前景。

而且环境能影响环境中的人。进入寺院，就会感觉到庄严肃穆，让人不由得心生宁静；观看演出，欢笑声不断，让人心情舒畅；会议时，环境安静，就会让人挺直腰板，态度严肃……不同的环境就会有不同的氛围，不同的氛围也就影响着人的态度和内心。

所以，自己的办公环境要保持整洁。如平时乱糟糟的，需要找文件时，就会手忙脚乱。**我们不能好高骛远，要从自身做起，从点点滴滴的小事做起，养成对工作环境进行整理的习惯，一屋不扫，何以扫天下？**

东汉时，有一个少年名叫陈蕃，一天他父亲的朋友来访，发现他的屋子凌乱不堪，便问他为什么不把自己屋子打扫干净呢？陈蕃理直气壮地说自己的手是用来扫天下的，打扫房间这种小事是不会去做的。听陈蕃这样的回答，他父亲的朋友就反问到：自己的屋子都不打扫，哪里还能谈得上治理天下呢？陈蕃无言以对，深受触动。

在企业生产管理中，生产 5S 管理受到很多企业的推崇，还美其名曰引自日本的生产管理体系，其实这不就是《弟子规》中的一些要求吗？如果我们多研究传统经典，灵活运用，何必舍近求远，“洋为中用”？

8 不可忽视的“写字”

墨磨偏　心不端　字不敬　心先病

【原文解释】如果墨条被磨歪了，说明心不在焉，没用端正的态度认真去磨；如果字写得不工整，说明心不静，心浮气躁。

笔、墨、纸、砚是中国历史上传统的文书工具，如果墨磨歪了，就说明不专心。磨墨是一项功夫活，手不能握歪，还要注意墨水不能碰到手、衣服，磨的力量要均衡，如果力量不均衡，墨条就会磨歪。**通过磨墨，其实是来折射人的耐心。**

很多人写的字七扭八歪，比较丑，特别是计算机的应用更是把写字忽视了，看上去挺有气质的人，字写得像个小学生。**写字的工整与否，**

是在检查自己的内心。如果很专心，眼睛盯着手，心意在手之前，到哪里该停，到哪里该顿，心里有底，写出来的字就会漂亮。

书法，最终体现的就是书法者的心境。故言“字不静，心先病”。当代高僧净空法师、星云法师等虽然学历不高，但都写得一手好字。他们书写的文字昭示了高深的意境，洒脱的生活态度，字如其人！

这就告诉我们，**不论写字、工作，都要反躬自省，自己有没有耐心、有没有专注。**

王献之从小就学习书法。八岁那年有一天，他正在书房专心练字，父亲走进书房，想试试儿子下笔的时候腕力怎样。于是他轻手轻脚地走到儿子背后，儿子竟丝毫没有察觉。王羲之从身后用力拔他的笔杆，竟没有拔出。事后，王羲之高兴地说儿子将来肯定会有出息。王献之又认真地苦练了两年字，大有长进，但父亲觉得还是不行。于是对儿子说，写完院子里十八缸水，字就写好了。王献之郑重点头，刻苦练字，最终成了继他父亲之后又一个大书法家。

汉字是传承中华文明的重要载体，是华夏子孙传古颂今的宝贵财富。一个人写字不认真，就反映出他办事不认真、心情浮躁。所以一定要把字写好，这样不仅继承发扬了民族的精华，还能培养自己认真严谨的作风。

⑨ 从哪里拿放哪里去

列典籍　有定处　读看毕　还原处

【原文解释】摆放书籍的时候，要把他们放到固定的位置。每次阅读完毕，都要把书籍放回原处。

这一条不能再简单的要求，有多少人真正做得到？很多人习惯书随便放，就在笔者写到这里时，看到自己的书也是摆放得凌乱不堪，很是汗颜，当下决心把这一条开始用心遵守。

要养成“动物归原”的习惯，这是指物品从哪里拿的最后重新放到哪里去。无论用了什么东西，用完之后，要记得随手放回原位，这样于人于己都方便。企业里的领导也应该做出好榜样来影响同仁。

孙犁，当代小说家、散文家，爱书的精神值得我们学习。他有朋友说，青年人不知道爱书，是因为住处狭小，孙犁不认为是这样。他觉得书籍虽然不是什么神圣之物，但阅读后应该置于高洁之处，不能因为没有台柜，随意扔在床下，与鞋袜放在一起。对书，应该爱护备至，脏了就擦干净，折皱了就弄平，读前洗手，读后放置好。

现在还有多少人对书籍如此操心费神？孙犁对书籍的态度，实际上反映了他对待文化的态度，对待自己修身的态度。

《弟子规》中的很多教诲，都是通过外在的行为来反射我们的内心。学习环境脏乱，说明心也蒙尘；书乱堆放，说明心散乱；姿态随便，说明心不认真；话语傲慢，说明心不恭敬。

但现代人觉得条条框框约束太多，不愿做。**这些表面上的自由，因为夹杂了内心的不良习气，就会影响他人对自己的印象和评判，为未来的发展带来不利影响。**

不良习气的改变，开始的时候，可能会觉得不习惯，但只要突破了这个惯性，就会感觉到，**当我们言语恭敬、处处有礼貌、处处知进退，内心会非常地自在、舒服，那是一种真正的自由。**习惯的培养，就是这些简单的事情重复去做，从日常的事情做起，注重一些细节。

把《弟子规》带入到自己日常的工作和生活，通过行为的调整，逐渐改变习惯，进而优化性格，从而改变自己的命运。

⑩
惜书如命

虽有急　卷束齐　有缺坏　就补之

【原文解释】即使遇到急事，也要把书本收好再离开，如果发现书籍有残缺、有损坏的地方，要马上修补好。

书读到一半，如果有人找我们，也不能随便把书放下就离开。应该把书收好，收拾整理好后再离开。收拾书也就几十秒的时间，这点时间还是能够挤出来的。

现在书到处都是，不像古代，想有一本书太难了，古代人对书的爱惜程度比我们现代人要重视得多。古代的书籍往往都是用针线缝制的，这样便于固定。今天科技进步了，书很紧实，很多书也就是读一遍，不容易磨损。只是一些学生的书或者词典等工具书，经常翻阅，可能会有磨损。书籍给了我们很多的知识和智慧，不能仅仅用纸张价值衡量它，书籍是我们的老师，应该用对待老师的态度对待它。

我们想一想，**很多古人穷其一生的智慧，把好的思想留存下来，也没有收取版税，我们不该尊敬吗？**今天虽然得到很容易，但不能忘本，要对这些书籍存有恭敬之心。

孔子到了晚年，喜欢阅读《易经》。《易经》是一本很难懂的书，孔子一遍看不懂，就再看一遍，反复学习。因为每天翻阅，穿竹简的牛皮绳磨断了好几次。每磨断一次，孔子就整理一次，一直使书保存完好。

当代人对书不爱惜，但更多的是有书也不读了，有篇文章曾经红遍网络，是说当今国人不爱读书的事情。文中提到，在机场、飞机上的闲暇时刻，很少见到有人读书，更多是玩手机、平板电脑。读书成了学者的专利，甚至学者也不看书了。

一个人的健康成长，应该和个人的阅读史息息相关。**读书不仅仅影响个人，还影响整个民族、整个社会。一个崇尚读书学习的国家，会有很好的发展。**

一些小国家，如以色列、匈牙利等，诺贝尔奖得主并不少，这些都是因爱读书而获得了智慧和力量。要知道：**一个不爱读书的民族，是可怕的民族；一个不爱读书的民族，是没有希望的民族。**

11 要读圣贤书

非圣书　屏勿视　蔽聪明　坏心志

【原文解释】不良书刊，就要摒弃不看，因为不好的书不仅会蒙蔽我们的心智，还会损坏我们的道德和意志。

记得小时候感觉书很神圣，认为书中的内容都是对的。会参考书中的故事，作为做事的准则，潜意识中书在影响着我们的言行。笔者的儿子喜欢读书，时不时拿着书中的故事来说事，说书上是如何讲的，怎么做才是对的、怎么不对，如此云云。还好这些书都是笔者默许的，如果是一些不良内容，对他们尚没有明辨是非能力的幼小心灵是多么不良的影响。

现在的书确实和古代的书没法比，从作者构思到面市，时间很短，内容也很粗糙，由于书籍质量的原因，现在的书的寿命很短也就不难理解了。

读书，也要读圣贤书，通俗地说，就是给社会带来正能量的书。有一位朋友接触到《弟子规》后，十分感慨："十多年的社会摸索所累积的经验，居然只是《弟子规》里面的一两句话而已。"

书的形式，也不仅仅就是纸质书，包括杂志、报纸、电视、网络、游戏等都可以算作这个类别。现在一些不健康的内容，不知不觉在毒害着人们的心灵。当前国家对于网络、电视等内容的审查和监管还是必要的。

越是不健康的内容越是传播得快，容易被拿来炒作。弘扬正气、积极向上的内容，反而被一些所谓吸引眼球的东西所遮盖。要对现在的环境有免疫力，确实需要一定的功力。对不善的内容、不健康的东西，要摒弃不看，存好心、说好话、做好事、做好人。

⑫ "信、解、行、证"慢慢修炼

勿自暴　勿自弃　圣与贤　可驯致

【原文解释】遇到挫折，不要自暴自弃、自甘堕落而放弃自己。圣贤的境界虽然很高，只要努力进取，就能渐渐达到圣贤的境界。

有人说人生是“七分命三分运”，命是从哪里来的？那是自己修为而来。**《了凡四训》里面就是一个典型的改造自己命运的生动案例，通过改过自新、日行一善、谦卑之心等方式而告知世人。**

命运掌握在自己手中，每个人来到世间，都会有自己的使命，要珍惜当下，不随波逐流。失去了传统文化，就失去了我们的根。任何时候都不必灰心丧气、悲观失望，因为“圣与贤，可驯致”，要从“信、解、行、证”的步骤落实。

信，相信伦理、道德左右着人生的道路，相信世间必有因果。人性本善，但习性本恶，所以不能被眼前一些乱象所迷惑。

同时要对自己有信心，不要轻易认为自己不行。人一生首先要立定志向，再通过精进不懈地努力，终有成就的一天。**以人为镜，多反思自己，读懂自己。**

解，理解伦理、道德、因果背后的原因。结合身边的一些例子，自己要静下心来，用心去思考，明白里面所包含的道理。这需要多读好书，帮助自己看透人生。解，还有一层意思，就是对目标、方向进行分解，分解成一个个可执行的步骤。

行，就是从自己的言行中，遵守圣贤教育所要求。行动其实并不难，只要坚持从一些小事做起。

比如在公司中，客户初次见面时，把自己打扮得干净清爽，做到准时赴会；工作报告时，意思表达明白，分段清楚，注意格式排版整齐；老板安排事情时，多问几句，问清楚再行动；老板要求汇报工作时，及时给予回应；上班的时候少打游戏，少逛网店，多想想怎么把事情做好；下班的时候少看几集连续剧，多看几本书。

证，以果为证，就是通过自己持之以恒的坚守，细心观察自己生活的变化：与同事、家人、朋友之间的相处是否更加融洽；事业是否更加进步，生活是否更加幸福。通过自己内心的感悟和进步，去证明自己所坚守的正确性，更加激励自己所“信”之事，循而往复，不断升华。

后　记

随着社会的进步有人说传统文化已经过时了。但事实呢？几百年前到中国来学习的国家很多，学我们的文化、学我们的文字，现在好像变样了，邻居也不那么友好。为什么？因为我们变了，我们丢弃了老祖宗留下来的优秀文化，现在变得快要面目全非了，自己都不认识自己，其他国家还会怎么看？中国人是信祖宗不信神的，现在祖宗的文化也要抛弃，我们还能找到自己吗？

二战后的日本，在吸收西方先进技术的同时，继续在家庭、学校、公司、政府部门保有中国人的传统文化，在短时间内迅速崛起成为世界强国。许多著名大学纷纷开办汉学系，美国政府还设立专门的基金，组织学者研究中国传统文化。

我们一个伟大的国度，向世界贡献了孔、孟、老、庄，向世界输出了优秀的文化，自己却否定和抛弃。没有多少年历史的美国等国家，却要告诉我们要学习、要节俭、要善良。奇怪，这些不都是中国传统文化中的一部分吗，怎么成了他们教育我们了？

有人说国学热了，但热的是“伪国学”，热的是权谋诈术、风水阴阳、歪曲历史，让新的一代认为传统文化就是迷信、奴性，甚至愚昧！真正能够重塑社会核心价值观的传统精神却未得到真正弘扬。

当代年轻人，追求自由、人性释放、欲望满足，这都是容易理解的，人活着就是为了追求自由和快乐生活的。不过，要了解如何才能得到真正的自由和快乐，那是要在不违背宇宙自然规则、不违背伦理道德、不危及他人利益的原则下，才可能真正实现。比如企业生产假冒伪劣产品，就损害了他人，还怎么可能给你自由？不尊重师长，就没有人愿意教你，还怎能可能“自由和快乐”？背后诋毁别人，别人就会报复，哪还有快乐？贪吃就吃，看似自在，但只要违反了身体的承受力，就会生病，让你吃时得到的快乐全部用身体的病痛来“偿还”……

要相信老祖宗的智慧。外部环境的风风雨雨，都不是诬陷传统文化的借口，这些恰恰是因为我们丢失了自己的文化造成的，所以我们有责任去弘扬。南怀瑾先生说：“一个国家，一个民族，亡国都不怕，最可怕的是一个国家和民族自己的根本文化亡掉了，这就会万劫不复，永远不会翻身。”

中华民族的伟大复兴，靠什么？首先就是需要民族文化的复兴！今天的功利主义、诚信缺失都源于文化的丢失、历史的失忆。传统文化的普及和复兴必会带来人际关系和谐、社会长治久安。

愿全天下所有的人都能通过学习落实《弟子规》，培养好习惯，养成好性格，成就好命运。

祝愿我们的祖国和人民：

天下和顺　日月清明　风雨以时　灾厉不起　国丰民安　兵戈无用

崇德兴仁　务修礼让　国无盗贼　无有怨枉　强不凌弱　各得其所

BRAGE 图书导读

为了帮助读者更快、更方便地找到自己需要的书，让书发挥最大价值，我们精心制作了这份导读，希望对大家有所帮助！

博瑞森的书，最适合谁来读？

经营者（老板、总经理、董事长、企业家、合伙人、厂长等）和**管理者**（企业高层、中层和部分基层管理者）以及企业的**骨干员工**（思考如何为企业创造更大的价值），你就是我们的读者，共同的战友！

因为我们相信，你就是影响企业发展大局的关键人物，影响你，帮助你，和你共同学习成长，就是和中国企业一起成长！

博瑞森的书，最大特点？

我们坚持"企业阅读，本土实践"的出版理念，要对企业实践产生实实在在的作用。

"本土"——理论和思想可以来自古今中外，但一定要适应本土；

"实战"——作者都是从企业、市场中摸爬滚打出来的，实战性是渗到骨子里的；

博瑞森的书，怎样"读"，作用好？

免费电子版，手机随时"读"

我们**90%**的书都提供**免费**的**全文电子版**，下载到手机（或 Pad、电脑）里，让惜时如金的你，获得最大程度的阅读自由！

操作方法：回复图书编号（图书定价左侧提示框内的 4 位数字）和你的邮箱地址到手机 13611149991，2 个工作日内即可在邮箱收到图书的全文电子版。

QQ 群，读者间讨论着"读"

加入"**博瑞森读者群（202230847、190415943）**"的 QQ 讨论群，你的困惑、感受和读者、作者随时深入讨论！

操作方法：入群口令为"图书名称 + 手机号"。提个醒，群里有事说事，别乱发广告、搞笑段子，会被踢的。

微信、书摘邮件，天天点滴"读"

"书太厚，不容易读"——我们通过微信公号（bookgood2005）和你的个人邮箱，提供精品书摘，便于精华快速地吸收。

行业类：零售、白酒、食品/快消品、农业、医药、建材家居

书名.作者		内容/特色	读者价值
零售·餐饮	涨价也能卖到翻 村松达夫　【日】	提升客单价的15种实用、有效的方法	日本企业在这方面非常值得学习和借鉴
	1. 总部有多强大，门店就能走多远 2. 超市卖场定价策略与品类管理 3. 连锁零售企业招聘与培训破解之道 4. 中国首家未来超市：解密安徽乐城 IBMG国际商业管理集团　著	国内外标杆企业的经验＋本土实践量化数据＋操作步骤、方法	通俗易懂，行业经验丰富，宝贵的行业量化数据，关键思路和步骤
	零售：把客流变成购买力 丁　昀　著	如何通过不断升级产品和体验式服务来经营客流	如何进行体验营销，国外的好经营，这方面有启发
	餐饮企业经营策略第一书 吴　坚　著	分别从产品、顾客、市场、盈利模式等几个方面，对现阶段餐饮企业的发展提出策略和思路	第一本专业的、高端的餐饮企业经营指导书
白酒	变局下的白酒企业重构 杨永华　郭　旭　著	帮助白酒企业从产业视角看清趋势，找准位置，实现弯道超车的书	行业内企业要减少90%，自己在什么位置，怎么做，都清楚了
	1. 白酒营销的第一本书 2. 白酒经销商的第一本书 唐江华　著	华泽集团湖南开口笑公司品牌部长，擅长酒类新品推广、新市场拓展	扎根一线，实战
	区域型白酒企业营销必胜法则 朱志明　著	为区域型白酒企业提供35条必胜法则，在竞争中赢销的葵花宝典	丰富的一线经验和深厚积累，实操实用
快消品·食品	乳业营销第一书 侯军伟　著	对区域乳品企业生存发展关键性问题的梳理	唯一的区域乳业营销书，区域乳品企业一定要看
	食用油营销第一书 余　盛　著	10多年油脂企业工作经验，从行业到具体实操	食用油行业第一书，当之无愧
	中国茶叶营销第一书 柏　龑　著	如何跳出茶行业"大文化小产业"的困境，作者给出了自己的观察和思考	不是传统做茶的思路，而是现在商业做茶的思路
	变局下的快消品营销实战策略 杨永华　著	通胀了，成本增加，如何从被动应战变成主动的"系统战"	作者对快消品行业非常熟悉、非常实战
	调味品营销第一书 陈小龙　著	国内唯一一本调味品营销的书	唯一的调味品营销的书，调味品的从业者一定要看
	快消品营销：一位销售经理的工作心得2 蒋　军　著	快消品、食品饮料营销的经验之谈，重点突出	来源于实战的精华总结
	快消品营销与渠道管理 谭长春　著	将快消品标杆企业渠道管理的经验和方法分享出来	可口可乐、华润的一些具体的渠道管理经验，实战
	成为优秀的快消品区域经理 伯建新　著	37个"怎么办"分析区域经理的工作关键点	可以作为区域经理的'速成催化器'
	销售轨迹：一位快消品营销总监的拼搏之路 秦国伟　著	本书讲述了一个普通销售员打拼成为跨国企业营销总监的真实奋斗历程	激励人心，给广大销售员以力量和鼓舞
农业	农资营销实战全指导 张　博　著	农资如何向"深度营销"转型，从理论到实践进行系统剖析，经验资深	朴实、使用！不可多得的农资营销实战指导
	农产品营销第一书 胡浪球　著	从农业企业战略到市场开拓、营销、品牌、模式等	来源于实践中的思考，有启发
	变局下的农牧企业9大成长策略 彭志雄　著	食品安全、纵向延伸、横向联合、品牌建设……	唯一的农牧企业经营实操的书，农牧企业一定要看
医药	新医改下医药营销与团队管理 史立臣　著	探讨新医改对医药行业的系列影响和医药团队管理	帮助理清思路，有一个框架
	医药营销与处方药学术推广 马宝琳　著	如何用医学策划把"平民产品"变成"明星产品"	有真货、讲真话的作者，堪称处方药营销的经典！
	新医改了，药店就要这样开 尚　锋　著	药店经营、管理、营销全攻略	有很强的实战性和可操作性
	OTC医药代表药店开发与维护 鄢圣安　著	要做到一名专业的医药代表，需要做什么、准备什么、知识储备、操作技巧等	医药代表药店拜访的指导手册，手把手教你快速上手